中公新書 2576

東 大作著

内戦と和平

現代戦争をどう終わらせるか

中央公論新社刊

はしがき

世界中で戦争が続いている。そしてそのほとんどが、凄惨《せいさん》な「内戦」である。シリア、イエメン、アフガニスタン、ソマリア、マリ、コンゴ民主共和国、そして南スーダン。連日テレビには、国内の権力を誰が掌握するかを巡《めぐ》る、血で血を洗うような「内戦」の現実が映し出されている。

現代の戦争・紛争状況について最も信頼に足るデータの一つである、スウェーデンのウプサラ大学が発表する「ウプサラ紛争データ」。それによれば、現代の戦争の九五パーセント以上が、国家対国家の戦争ではなく、「内戦」である。ウプサラ紛争データは、年間二五人以上が戦闘で亡くなっている事態を「軍事紛争」と定義しているが、二〇一八年に行われた軍事紛争五二件のうち、国家対国家の戦争はわずか二件（インド対パキスタン、イラン対イスラエル）であり、それ以外は全て内戦。現在の戦争の圧倒的多数は、内戦なのだ。

こうした軍事紛争によって、毎年一〇万人前後の人々が命を落とし、その戦火を逃れて、七〇〇〇万人以上の人が自らの家を追われ、国内での避難生活、もしくは周辺国やヨーロッパでの難民生活を余儀なくされている。これだけの数の難民・避難民が発生するのは、第二次世界大戦以降、人類にとって初めての経験だ。こうした難民問題は、ヨーロッパやアメリカなど先進国にも大きな政治的な影響を与え、移民・難民排斥を訴える右翼政党の台頭や、ポピュリズム的指導者の誕生を引き起こしている。それは世界の不安定要因となり、私たち日本人にも大きな影響を与えはじめている。

はたしてこのような軍事紛争、平たく言えば「人と人が殺しあう集団的な暴力」を止め、持続的な平和を達成する方法はあるのか。あるとすれば、何が必要なのか。その戦争を止める仲介者には誰がふさわしいのか。国連なのか、それとも大国や周辺国など国家なのか。そして日本は、どんな役割を担えるのか。そうした問題に、仲介者による「和平調停」活動を中心に据《す》え、正面から答えようとするのがこの本の目的である。

本書の構成

本書ではまず第1章で、内戦の凄惨な実態を描く。ここでは特に南スーダンについて、首都ジュバからのルポを含め、その現状を伝えたい。現代の内戦を象徴する紛争の状況と、そこで苦しみながら国家の再建を目指す多くの人々の姿や声を伝えていく。

第2章では、まず現代の戦争が圧倒的に内戦であることを提示する。その上で、戦争が四つに分類できることを示す（①国家間の戦争、②内戦、③内戦をきっかけに始まったものの、後に外国の部隊が軍事的に介入し国際化したもの、④植民地からの独立戦争）。その上で、内戦の防止や停止、持続的な平和を作る国際的な活動には、三つの段階（紛争予防、和平交渉、平和構築）があり、そのいずれにも第三者による調停の働きかけ（和平調停）が大きな役割を果たしていることを解説していく。そして、紛争予防が失敗に終わったイエメンを例に、事前に紛争を回避する難しさを描き、最後に、和平調停の理論として、一九九〇年代に提示されたステッドマンの理論を紹介する。

第3章では、南スーダンとアフガニスタンを例に、紛争下の和平調停の難しさを分析する。「和平合意のための交渉のテーブルに誰がつくべきか」、これが和平調停における最初の大きな課題である。つまり、誰が和平プロセスに参加するのかという、「包摂性」の問題だ。私はこれまで、和平合意を結んだ後に、持続的な平和を作るために国家を再建していく、いわゆる「平和構築」の過程においては、どの政治勢力も民族も排除しない「包摂的なプロセス」が重要であると一貫して主張してきたし、それは現在、国際社会の共通認識にもなってきている（実際に行動に移せるかはまた別の問題だが）。しかし、まだ戦闘が続く紛争下における「和平交渉」の段階では、包摂の網を広げたときに、和平合意を実現すること自体が難しくなるリスクが生じるのだ。そのため、場合によっては、戦闘に最も大きな影響力を持つ当事者がまず合意を成立させ、その上で、より幅広い勢力との合意を図るような柔軟性も必要になると考えている。

例えば南スーダン内戦の収束のために、二〇一七年末から始まった「和平交渉」では、二〇もの異なる勢力を包摂した形で「和平交渉」を始めたものの、各派がそれぞれの主張を繰り返すだけで、どうしても和平合意を得られる状況にならなかった。そのため、最も軍事的に影響力を持つキール大統領と、マチャール元副大統領が、それぞれの支持者であるウガンダとスーダンの大統領の仲介の下、集中的な交渉を行って暫定的な和平合意に達し、その上で、より幅広い勢力との交渉を経て、二〇一八年九月に包括的な和平合意に達した。その後も、和平合意の実施は困難が続いているが、南スーダンの治安情勢そのものは、和平合意後に劇的に改善されている。

またアフガニスタンにおいては、米国がタリバンとの直接交渉を受け入れたことにより、二〇一九年以降、「和平交渉」が一気に本格化した。このように、紛争下の「和平交渉」においては、包摂性だけにこだわるのではなく、和平合意を得るための現実的なプロセスを柔軟に選択していく必要があるという点が、本書の一つの核心となる主張である。

第4章では、和平調停におけるもう一つの課題である「誰が調停を担うのか」という問題を検討し、グローバルな大国や紛争の周辺国に求められる役割と責任を明らかにする。シリアでは、二〇一一年の内戦勃発以来、国連シリア特使による懸命の調停努力にもかかわらず、一貫して内戦が拡大していった。その最大の理由は、一方でロシアやイランがアサド政権を、他方でアメリカやサウジアラビア、カタールなどが反体制派への軍事的、財政的支援を続けてきたことにある。グローバルな大国や周辺国が、表面的には、「国連特使の調停努力を支持する」としながらも、実際には自ら支持する紛争当事者を応援しつづければ、戦争が無限に拡大すること、つまりある意味での「国連の濫用《らんよう》」が起きてしまうことを、シリアのケースは如実に示している。やはり国連が限定的な役割しか担えなかったイラクのケースとあわせて、和平調停におけるグローバルな大国や周辺国の役割や責任と、国連の濫用のリスクを、この章では本書独自の視点として提示する。

第5章では、国連の平和活動の可能性と課題について述べる。第4章で述べたように、紛争下の調停においては、大国や周辺国の協力がなければ限界もある国連だが、和平合意後の「平和構築」活動においては、中心的な役割を担うことができるというのが本書の主張である。このことを実績からも、理論的にも正しいことを論じていきたい。ただ現在、国連の「平和構築」活動の中核を担う国連平和維持活動（PKO活動）は、国家再建の任務に加え、

「文民保護」という新たな難題を抱えており、そこに寄せられる過大な期待が、かえって国連の負担になるリスクも、あわせて提示する。

第6章では、戦後七〇年かけて平和国家としての信頼を勝ち取ってきた日本が、和平に向けた対話の促進者（グローバル・ファシリテーター）としての役割を担えると主張する。フィリピンのミンダナオ紛争や、南スーダンなどで果たしてきた役割も踏まえ、日本にできる貢献策について述べる。

戦争が「不治の病」であっても

第2章で詳しく示すように、現代の戦争の圧倒的な数は内戦である。内戦は国土を荒廃させ、農業や開発を阻害し、人々を貧困に追いやる。そして、医療システムを崩壊させ、国境を越える感染症などへの対策を極めて困難にする。内戦が続くコンゴ民主共和国（DRC）で二〇一七年以降発生したエボラ出血熱が収まる気配を見せず、拡大を続けている大きな要因は、内戦のために国際医療スタッフがDRC国内で十分な活動ができないことにある。また四〇年近く続くアフガニスタン紛争は、広大な土地を砂漠化させた。

つまり内戦は、それ自体が及ぼす人的被害に加え、貧困の拡大、感染症対策、水質汚染や土壌汚染、大気汚染などの環境問題、地球全体の温暖化など、国境を越える人類共通の課題への対応を極めて難しくしてしまう。一国では解決できず、人々の安全に大きなダメージを与える課題、いわゆる「人間の安全保障」の問題に対応する余裕を、人類から奪ってしまうのだ。そこに、内戦がもたらす、もう一つの深刻な打撃がある。だからこそ、この現代の戦争の特徴である「内戦」を少しでも解決していく道を探ることは、回りまわって、私たち日本人にとっても重要な課題だと考えている。

もちろん、戦争は人類の業《ごう》であり、それを完全に克服することはできないのかもしれない。それでも我々は、少しでもその犠牲を少なくするための努力を続けなければならない。故高《こう》坂正堯《さかまさたか》京都大学教授は『国際政治』（中公新書、一九六六年）の最後をこう締《し》め括《くく》っている。

「戦争はおそらく不治の病であるかもしれない。しかし、われわれはそれを治療するために努力しつづけなくてはならないのである。つまり、われわれは懐疑的にならざるをえないが、絶望してはならない。それは医師と外交官と、そして人間のつとめなのである」

本書が、「どう戦争を克服するのか」という命題について、みなで考える第一歩になってくれれば、望外の幸せである。

目　次

写真／出所を明示したものを除き著者撮影
図版作成／ケー・アイ・プランニング

内戦と和平　現代戦争をどう終わらせるか

第1章

凄惨な内戦の実態

ジュバ市街の眺望
（南スーダン，2019年3月2日）

1　権力闘争によって破綻した南スーダン

繰り返される内戦

二〇一九年二月二七日。私は、エチオピアの首都アジスアベバから、南スーダンの首都ジュバ行きの飛行機に乗りこんだ。南スーダンのなかに入って調査をしたいという三年越しの思いがようやく実現するかと思うと、年甲斐《としがい》もなく、胸が高鳴った。

三年間南スーダンに入れなかったのは、そのまま南スーダンの和平プロセスが崩壊した軌跡と重なっている。私は二〇一六年四月に、「平和構築と政治的排除――なぜ過《あやま》ちは繰り返されるのか」という三年間の科研費（科学研究費助成）を獲得し、その最初の調査として南

図1－1　南スーダン略地図

スーダンを選んだ。二〇一六年八月に二週間、ジュバで調査を行う予定を組み、国際協力機構（JICA）や外務省、国連南スーダンPKOミッションなどの協力も得られることになり、ホテルや通訳、利用する車などの予約も全て終わった矢先の二〇一六年七月九日、ジュバで突如《とつじょ》、再び戦闘が勃発した。

南スーダンは、二〇一一年七月にスーダンから独立を果たした。一九五

【南スーダン関連略年表】

2011	7月南スーダン独立
2013	12月キール大統領派とマチャール副大統領派の間で内戦勃発
2015	8月和平合意
2016	4月マチャール氏，ジュバに戻る．国民統一暫定政府発足 7月再び内戦勃発
2018	9月2度目の和平合意

六年にスーダンが独立した直後から、南部に住む人たちは、独立を求めて戦いはじめた。スーダンの北部に住むのが主にイスラム教徒であり、南部はキリスト教徒であったことも背景にあった。何度かの暫定的な停戦合意はあったものの、五〇年近く戦闘が続き、数百万人と言われる犠牲者が出た凄惨な内戦だった。

二〇〇五年にスーダンと、南スーダンの独立を求めるスーダン人民解放運動（SPLM：Sudan People's Liberation Movement）との間で、包括的な和平合意が締結され、ようやく南北の内戦は終結する。国連は一万人規模のPKO部隊を南スーダンとスーダンの間に派遣し、和平合意の実施をサポートすることになった。この二〇〇五年の包括和平合意に基づいて、二〇一一年一月に南部スーダンの国民投票が、国連も全面的に関わる形で実施され、九八・八パーセントが独立を支持し、南スーダンの独立が決定。同年七月に、南スーダンはついに独立を果たした。そして、二〇一〇年の暫定選挙で、スーダン南部政府の暫定大統領に選ばれていたサルバ・キール氏が、そのまま初代南スーダン大統領に就任した。

世界中から祝福され、豊富な石油資源を持つ南スーダンは、「平和構築」の成功例になるという大きな期待が寄せられていた。しかし、独立からわずか二年後の二〇一三年七月、キール大統領は、政治的なライバルであったリック・マチャール副大統領を解任、包摂的な政権運営は崩れ、内戦への危機感が高まる。そして、その年の末、マチャール元副大統領とキール大統領の警護隊が衝突し、全面的な内戦に突入した。

この事態を受けて、一万二〇〇〇人近いPKO部隊を派遣していた国連や、二〇〇五年の包括和平合意に向けた交渉でも調停役を果たしていた東アフリカの地域機構である政府間開発機構（IGAD：Inter Government Authority on Development）が調停に乗り出した。IGADは、エチオピア、ケニア、ウガンダ、スーダンなどが中心メンバーで、エチオピアが議長国である。IGADの仲介で、二〇一四年からエチオピアのアジスアベバで、一〇回以上にわたる断続的な「和平交渉」が行われ、二〇一五年八月、キール大統領派とマチャール元副大統領派の間で和平合意が実現した。

この「二〇一五年和平合意」を受けて、二〇一六年四月、それまで海外に拠点を置いて戦闘を指揮していたマチャール氏がジュバに戻り、第一副大統領に再び就任。キール大統領が一六人、マチャール氏が一〇人、そしてそれ以外の勢力が四人の閣僚を選び、合わせて三〇人の閣僚とキール大統領、マチャール第一副大統領を中心とする国民統一暫定政府が発足した。これでもって、ようやく南スーダンは、もう一度和平への道を歩みはじめるかに見えた。

私が二〇一六年八月に南スーダンのジュバを訪問して調査したいと考えたのは、まさにこの「二〇一五年和平合意」が、どのように実施されているかを現地で検証したいという思いからだった。しかし、二〇一六年四月末に暫定政府が発足してからわずか二か月後の七月八日、キール大統領とマチャール第一副大統領が、不穏な動きが続く国内の治安情勢を話しあうために会談している最中に、両者の警護隊がもみあいとなり、再び銃撃戦に突入した。それから二日たった七月一〇日と一一日、キール大統領を支持する南スーダン政府軍は、マチャール第一副大統領の部隊約一三〇〇人が陣を張る駐屯地に総攻撃をしかけ、マチャール派の部隊は、ジュバから逃走を余儀なくされた。この戦闘で、三〇〇人近い死者が出る事態となり、日本の支援組織JICAも南スーダンからの撤退を迫られた。

この事態を受けて、私も南スーダン内部での調査は断念せざるを得なくなった。そのため、二〇一六年夏は、エチオピアのアジスアベバに二週間滞在し、キール大統領派であるジェームス・モーガン在エチオピア南スーダン大使や、国連やIGAD、アフリカ連合（AU）の調停者など数十人にインタビューを実施した。その後ケニアに滞在し、マチャール氏の側近で、二〇一六年の戦闘勃発まで高等教育担当大臣を務めていたピーター・アドワック氏にインタビューすると同時に、アドワック氏の紹介で多くの反体制派の幹部に話を聞き、また反体制派がキール大統領打倒を決議した決起会合も視察したりした。

その後、二〇一七年二月には、ケニアの首都ナイロビのＰＫＯセンターに講師として招かれたこともあり、ケニアで再び反体制派や在ケニア南スーダン大使などにじっくり話を聞く機会に恵まれた。まだ内戦が続く二〇一八年三月には、エチオピア、ウガンダ、ケニアを回り、キール政権側と反体制側、そして国連やＩＧＡＤの調停者へのインタビューを続けた。またウガンダの南スーダン難民キャンプも訪問し、南スーダン難民の人たちの声に耳を傾けた。その日、南スーダンからウガンダに逃れてきたという男性はこう語った。「政府軍と、反政府軍の双方から攻撃を受け、四〇頭いた牛を全て奪われました。もう生きていくことができないと、ウガンダに逃れてきたのです」。

そのころ、南スーダンでは、二二〇万人もの国内避難民と、二〇〇万人と言われる難民が発生し、連日、数百人の南スーダンの人々が、ケニアやウガンダ、エチオピアに押し寄せていた。南スーダンは、建国からわずか数年で、破綻《はたん》国家とみなされる事態に陥ったのである。なんとか平和への道を回復したいと、再び、ＩＧＡＤが中心となって和平調停が行われ、最後は、キール大統領を支援するウガンダのムセベニ大統領と、マチャール氏を支援するスーダンのバシール大統領が精力的に仲介を行ったことで、二〇一八年九月、再び、キール大統領とマチャール氏、その他の主要武装勢力が和平合意に達した（この和平プロセスについては、

第3章で詳述する)。

内戦の国に入る

「二〇一八年和平合意」により、南スーダンでの戦闘活動も沈静化し、治安もよくなってきたことを受けて、二〇一九年二月から三月にかけて、ぜひ南スーダン内部での調査を行いたいと考えていた。その後、外務大臣の委嘱《いしょく》による公務派遣という形で、南スーダンの「平和構築」のために知的な貢献をすることを目的に、公式に訪問することが可能になったという連絡があった。このような紆余曲折《うよきょくせつ》を経て、ようやく、南スーダンのなかで調査ができるということが、私の胸を高ぶらせた。

二〇一九年二月二七日に南スーダンの首都ジュバに降り立ち、プレハブのような空港建物に入ると、しばらく待たされたが、そのうち別室に呼ばれ、ビザを受け取り、税関を通してもらった。終わったとき、税関の一人の女性から、「日本の人ですね。ここの施設もずいぶん支援してもらっています。日本には感謝しています」と言われて少し驚いた。確かに税関のいくつかの機器の上に、日の丸のシールが貼ってある。

日本大使館の職員が迎えに来られ、市内を車で走ると、意外にもジュバは、落ち着いているように見えた。南スーダンに入るということで、戦地に赴くような気持ちでいたのだが、これまで実際に一年暮らしたり、調査をしたりしてきたアフガニスタンやイラクなどに比べても、ジュバははるかに落ち着いているように見えた。実際、多くの人から、「ジュバにはテロ活動もないし、大きな戦闘も二〇一六年七月以来ずっとない。凶悪犯罪もそれほど多くないので、治安は大丈夫ですよ」という話を聞いた。一つには、二〇一八年の和平合意で、再び第一副大統領に復帰することが決まったマチャール氏がまだスーダンに滞在していて、ジュバに戻っていないこともあり、対立する軍事勢力がジュバにいないこともあるようだった。

写真１－１　ジュバで話を聞いた女性（2019年３月２日）

比較的落ち着いているなと感じていた矢先、ＪＩＣＡのスタッフの案内で、日本が支援している水道事業施設を視察に行った際、南スーダン現地の人と話をする機会があった。軒先で、一人でたたずんでいた女性に、「今、どうですか？」と話しかけると、頰《ほお》を叩《たた》かれるような返事が返ってきた。「とても不幸せです。私の夫は、戦争で二年前に殺されたのです。その悲しみが、ずっと続いていています」（写真１－１）。

私は、次の言葉を発することができなかった。

二〇一三年末の内戦勃発以来、南スーダンでは、数万人が犠牲となり、四〇〇万人以上が家を追われた。一二〇〇万人と言われる人口の、実に三分の一が住む家を失ったのだ。だからこそ世界は、「南スーダンは世界最大の人道危機に陥った」と伝えた。しかし実際に、最愛の夫を戦争で失ったというまだ若い女性に出会うと、これが内戦に苦しむ国の現実であることを、ナイフが胸に差し込まれるように突き付けられた。

指導者は何を学んだのか

実際、NGO人権団体である「アムネスティ・インターナショナル」の報告書によれば、二〇一六年七月の戦闘の後、南スーダン政府軍とマチャール側反政府軍は、市民に対する無差別攻撃を行うと同時に、数百人に上る女性に対する組織的なレイプや略奪行為を行ったとされる。特に、一般市民が逃げ込んだ国連の「民間人保護地区」から、市場に買い物に行く途上で多くの女性が拘束され、複数の軍人から数時間にわたってレイプを繰り返された。ある女性は、「彼らから解放されたとき、私の服は血まみれでした」と語っている。

こうした南スーダンの人々の苦しみを、軍事指導者や政治指導者は、どこまで理解しているのか。実際、これまでエチオピアやケニアなど周辺国でIGADやAU、国連の和平調停にあたっている幹部に話を聞くと、オフレコを条件に、南スーダン指導者への辛辣《しんらつ》な批判を

写真1－2　ガイ第一副大統領（2019年3月1日）

聞くことが数多くあった。あるAUの関係者は、「南スーダンの指導者は、人々が内戦で家を追われ、悲惨な生活を送っていることをまったく気にしない。まさに指導者の危機が南スーダン紛争の本質です」と熱い口調で話した。

そんな言葉を思い出しながら、大使館が調整してくれたタバン・デン・ガイ第一副大統領とのインタビューに向かう。このガイ第一副大統領こそ、キール大統領とマチャール氏に次ぐ、南スーダン政界の実力者であり、二〇一六年の戦闘再開以来、一つの焦点だった人物であった（写真1－2）。

ガイ第一副大統領は、もともと、マチャール氏の配下にある有力な将軍の一人であり、南スーダン第二の部族といわれるヌエル族の出身である。一方、キール大統領は、南スーダン第一の部族であるディンカ族出身である。正確な統計はないが、南スーダンにはディンカ族が約三割、ヌエル族が約二割、その他多くの少数部族が生活していると推定されている。

二〇一六年七月の戦闘再開後、マチャール氏とその部隊はジュバから撤退し、その側近である四人の閣僚もジュバを去り、マチャール氏と行動をともにした。他方、ガイ氏は、マチャール氏と袂《たもと》を分かちジュバに残る決心をした。そしてキール大統領は、ジュバに残ったガイ氏を、マチャール氏に代わるヌエル族の代表として、第一副大統領に任命したのだ。実際ガイ氏は、数千人の部隊を指揮する、マチャール氏に次ぐヌエル族の有力な将軍だった。

当時マチャール氏と行動をともにした四人の閣僚の一人だったアドワック元高等教育担当大臣は、私とのインタビューで、「タバン・デン・ガイは、もともと石油担当大臣のポストを希望していた。しかし「二〇一五年和平合意」で、石油担当大臣も指名できたマチャール氏が、ガイの希望を受け入れず、彼を資源担当大臣にした。そのことを根に持っていたことを知っていたキール大統領につけこまれ、彼はキール側に取りこまれたのだ」と吐き捨てるように話した。このあたりが本当だとすれば、まさに日本の応仁《おうにん》の乱を思わせるような行動様式だと思った。

私は、ガイ第一副大統領とのインタビューでまずこの点を問うた。「なぜ、あなたは、二〇一六年の戦闘勃発の後、ジュバに残ることにしたのか。マチャール氏の側では、それを裏切り行為と考えている人もいるようだ」。

ガイ第一副大統領の答えは簡潔であった。「私がジュバに残ることを決めたからこそ、南スーダン政府は、ぎりぎりのところ、政府としての機能を維持できたのです。もし私があのとき、リック（マチャール氏のファーストネーム）と行動をともにして、サルバ（キール大統領のファーストネーム）と戦闘を開始したら、この国は収拾不可能な状況に陥っただろう。私が残ることで、南スーダン政府はなんとかその形を保ち、マチャール側との「和平交渉」を行うことも可能になったのです」。

では、はたして今度の「二〇一八年和平合意」は、きちんと維持され、実施されるのか。それを問うとガイ氏は続けた。「私も、サルバも、リックも、「二〇一五年合意」の失敗から教訓を学んだ。もうこれ以上、失敗を繰り返すことはできません。失敗すれば、南スーダンの国民が私たちを許さない。だから我々政治指導者にとっても、今回は正念場なのです」。

2　南スーダン内戦を止めることはできるのか

和平合意実施への課題

「二〇一八年和平合意」の主な内容は以下に集約される。

①これまでキール派とマチャール派、それ以外の派で分かれていた軍隊を、一つの軍隊（南スーダン政府軍）に統合する。

②キール大統領、マチャール第一副大統領、その他四人の副大統領、そして三五人の閣僚による国民統一暫定政府を作る。閣僚配分は、キール大統領派から二〇人、マチャール派から九人、その他の反政府グループなどから六人とする（権力分有）。またこれまで、三三二人だった暫定国会議員を、五五〇人まで増やし、その増やした議員数を、反政府側の各勢力に割りあてる。

③和平合意から八か月後までに、政府軍やマチャール派の部隊など軍の統合と、新暫定政府を樹立。そこからさらに三年後に、国政選挙を行い、新しい大統領を選出する。

この合意によれば、マチャール氏が第一副大統領に復帰すると、ガイ氏は四人のうちの一人の副大統領に格下げされることになる。それも含め、この和平合意をどう捉《とら》えているのかを聞くとガイ氏は、「本音を言えば、マチャール氏自身ではなく、マチャール氏が任命した誰かが第一副大統領になるべきだと私は主張していました。マチャール氏とキール大統領がまた戦闘になるという懸念からです。しかしこればかりは、政治の現実で仕方ない。私はすでに受け入れています」。

そして、最大の難問と言われている軍の統合について聞いた。これに対してガイ氏は意外にも楽観的であった。「もともと南スーダン政府軍は、「スーダン人民解放軍」(SPLA)という一つの軍でした。それが、二〇一三年末の戦闘で、キール派とマチャール派に分かれた。だから、もともとは同じ軍隊にいました。実際、SPLAを掌握していた一〇人の将軍は、お互いに仲良くやっているし、どうすればもう一度同じ組織に戻せるかわかっている。ただ最大の課題は、資金不足です。これまでの失敗のせいもあり、先進国からの支援が極端に少ない。これが現在の和平プロセス実現の最大の課題です」。

二〇一八年和平合意について、外国からの援助がないことに危機感を覚えている閣僚は多かった。和平合意の実施を現場で統括しているマーティン・ロムロ内閣担当大臣は、危機感を漂わせながら話した(写真1-3)。「二〇一九年五月までに、軍の統合と暫定内閣を発足

写真1－3　ロムロ内閣担当大臣（2019年2月27日）

させることになっていますが、目途《めど》が立たない。その原因は、軍の統合が難しいからです。全国に四〇以上の駐屯地を作り、南スーダン政府軍と反政府勢力の部隊を統合していかなければなりません。そのためには、政府軍の軍人としてふさわしいかどうかの選定作業、居住施設の建設、水の確保、電気の確保、武器や弾薬の確保等、さまざまな作業が必要です。それを実施するには、約二四〇億円の資金が必要だと、南スーダン政府として発表しましたが、まだ資金援助の声がありません」。

「日本はすでに、暫定内閣発足に向けての準備のために一億円を拠出してくれました。これでようやく、新しい閣僚のオフィスやホテルなどを確保することができます。しかし最大の問題は軍の統合です。これさえ実施できれば、あとの和平合意は実施に向けて流れていく。逆にこれが実施できないと、二〇一八年和平合意も実現できない。今がまさに踏ん張りどころなのです」

国の再建を目指す若者たち

写真1－4　ジュバ大学での講演会（2019年3月1日）

こうしたインタビューの後、ジュバ大学と日本大使館の共催で、私の講演会を開催してくれた。南スーダンで一番の発行部数を持つという『ジュバ・モニター』という新聞が、事前に記事を掲載してくれ、国連南スーダンPKOミッションが運営するラジオ局でも当日の朝、生放送で話をする機会があったためか、大学生、大学教員、各国際機関、政府高官など、ジュバ大学の教室には、約二〇〇人が集まっていた（写真1－4）。

内戦続きで、ジュバ大学にも、電気は一日数時間しか来ないという。そのため、講演会の時間も電気が来る時間帯にあわせて設定されていた。また、開始前に野外のトイレを借りたが、久しぶりに卒倒するのではと思うくらいの猛臭だった。考えてみれば、上水道はほとんどなく、下水道もない国である。この厳しい生活環境のなかで学んでいる学生たちの日常を思った。

講演会では、ジュバ大学の副学長であるロバート・デング教授がコメンテーターを務めた。私は学生を始めとする参加者に対して、これまで実務や調査で携わってきた、アフガニスタンやイラク、シリア、東ティモールなどでの和平調停や「平和構築」の課題、その教訓について話した後、南スーダンの平和づくりの課題について所見を述べた。

学生の多くが、内戦の惨禍《さんか》を逃れて、地方を逃げまどった経験を持っていると教員から聞いていた。そのためか、本当に食い入るように話を聞いてくれる。講演が終わった後の質疑応答では、政治学の専門用語を踏まえた鋭い質問が矢継ぎ早に出された。「あなたは戦争後に、どうすれば正統性のある政府を作ることができるか研究しているということですが、正統性のある政府と、民主的な政府は、同義ですか？ 異なりますか？」「二〇一八年和平合意を財政支援するという国がとても少ない現状をどう見ますか？ どうすれば克服できると思いますか？」など、どれも真剣そのものの質問だった。彼らにとって、和平調停や「平和構築」の問題は、まさに自分たちが明日をどう生きるかという、生と死を分ける問題であることをあらためて感じた。

二〇一八年和平合意への支援について私は、まだ合意がどうなるのか様子見の国が多いのは事実であり、南スーダンが、内戦前には一日三五万バレル採掘していた石油生産を早く回

写真１－５　ジュバ大学のキャンパス．入学者の合格発表の日だった（2019年３月１日）

復させ、国際通貨基金（ＩＭＦ）や世界銀行の力も借りてその収入の使途についての透明性を高め、自ら和平合意実施に向け資金を拠出するなど意気込みを示せば、国際社会の支援も戻ってくるはずと力説した。

二時間に及ぶ講演と質疑応答が終わり、私は、酷暑《こくしょ》の野外に出た。するとキャンパスのなかの大木に貼られた模造紙に書かれた番号を、背を伸ばして確認する多くの学生たちの姿が目に入った。聞けば、合格発表の日だったという。南スーダンで最も歴史があるジュバ大学。そこに入学して学問を学び、国の再建に携わろうとする若い人たちが、この戦火が続く国にも数多くいることを目《ま》の当たりにして、胸が熱くなった。

日本に何ができるのか

しかし現実は厳しい。その日の夜、在南スーダン日本大使館の、岡田誠司大使の招待で、デング副学長を始め、三人のジュバ大学の教授と食卓を囲んだ。その席でデング副学長は、「財政難で、今は、月に一〇〇ドルしか教授に支払いができません。これでは、教員も生活ができないのです。政治家が個人の利益のために戦争を続けたら、この国はまったく駄目《だめ》になってしまいます。米国やヨーロッパの多くの国が、南スーダンを見捨てはじめています。そんななか、日本が継続的に支援してくれていることを私たちはとても感謝しています」。

実際日本は、二〇一一年七月の南スーダン独立以降、大きな支援を続けてきた。二〇一二年一月から二〇一七年五月までの五年半は、国連南スーダンPKOミッションに約三五〇人規模の自衛隊施設部隊が派遣され、ジュバの道路整備や、国連施設に逃れてきた国内難民の支援などに携わってきた。またJICAは、ジュバを流れるナイル川に橋をかける架橋事業、ナイル川の港湾整備、ジュバの水道整備、南スーダンの農業マスタープランの作成、南スーダン公共放送局の支援、そして、南スーダンにおける国体やサッカー全国大会のようにスポーツを通じた和解や国民意識の醸成など、さまざまな民生支援を行ってきた。そして二〇一七年以降は、和平プロセスへの支援も、日本政府が積極的に行っている。他の先進国が、南スーダン政府への不信感から支援をためらうなか、日本が現在、南スーダン和平プロセスを側面支援する中心的な役割を担いつつある。こうした状況は、日本のアフリカ支援としてははじめてのケースである。

諦めていいのか

しかし、南スーダンで繰り返される内戦が、日本の支援事業を何度も挫折させてきた。二〇一三年末の最初の戦闘勃発により、JICAの南スーダン事務所の日本人スタッフは撤退。約一年後、ジュバの事務所に日本人スタッフも復帰したものの、二〇一六年七月の戦闘再開で、またもや日本人スタッフは全員退避となった。二度にわたって事業の中断を強いられたのである。

二〇一八年九月の和平合意を受けて、JICAの南スーダン事務所にも日本人スタッフが常駐を始め、二〇一九年五月、最大の事業の一つであるジュバの架橋事業は本格的に再開された。またジュバの人口一〇〇万人のうち、四〇万人が裨益《ひえき》するという浄水場の建設と上水道の整備については、本格再開に向けて準備を続けている。ジュバにおいて、井戸水も含め浄水を利用できるのは一〇万人に満たず、あとはナイル川の水などをそのまま使っており、

写真1－6　ナイル川架橋工事（2019年3月2日）

衛生上極めて危険な状態である。そんななか、このJICAによる水道整備事業は、南スーダンの人々の生活にとって重要な支援となる。

私がジュバを訪問したとき、ナイル川の架橋作業は、ちょうど工事の本格再開に向けて準備を続けていた（写真1－6）。当初から工事を受け持っている「大日本土木株式会社」の現場責任者である日下《くさか》清さんが、半日かけて案内してくれた。

ナイル川の広大な流れに橋をかけるのは決して楽な工事ではなく、二〇一三年六月に工事を開始したとき、五年間かけて完成させる計画だった。しかし二〇一三年末の戦闘で工事が中断し、一年後に再開するものの、二〇一六年七月の戦闘開始でまたもや中断を迫られた。それでも日下さんたち大日本土木や、施工監理を行う「建設技術研究インターナショナル株式会社」、そしてJICAの担当者たちは諦《あきら》めなかった。ジュバには、一九七五年にイタリアが架橋したという橋があるだけで、すでに耐用年数を超え、いつ落ちてもおかしくない状況とされる。そのこともあって、南スーダンの地元の人たちからこの橋への期待は極めて大きい。「自由の橋」という名前は、南スーダン建国の象徴にもなっている。

「そうした地元の人たちの期待を知っているからこそ、なんとか最後までやり遂げたい」と日下さんは話した。実際、事業の再開前、JICAの東京本部の担当者が、「大日本土木の方々が、とにかく早く戻って工事を再開したいと言ってくれている。それが自分たちにとって、どれだけ支えになっているかわからない。実際に工事を担当する技術者に戻りたくないと言われたら、無理は言えないからです」と話していたことを思い出した。現在、日下さんたち一五人の日本人スタッフと、現地スタッフ約二〇〇人体制で橋作りに全力を傾けている。最後に南スーダンで働くことについて聞いてみたところ、日下さんは次のように答えた。

「私は、これまでケニアなどアフリカのいろいろな国で仕事をしてきましたが、南スーダンの人たちは、すれていないと言いますか、みなさん素直で一所懸命です。なんとか新しい技術を学ぼうとされています。そんな姿を見ていると、我々もなんとか最後まで諦めずにやりたいと思います」

また、南スーダンの作業員の人たちも口を揃《そろ》えた。「この橋は私たちの夢であり、未来です。だから途中で挫折することは耐えられない。なんとか最後までやり遂げて、国の礎《いしずえ》にしたいのです」。

南スーダンを巡る客観的な状況は厳しく、決して楽観できない。しかし、日本はすでにこのアフリカにある南スーダンという国と、大きな関わりを持ってしまっている。それは、自国第一主義の風が吹き荒れる現在の国際社会において、謙虚に、でも小さく誇りに思ってよいことだと思う。内戦を繰り返す国で、どうすれば持続的な平和を作ることができるのか。自分も諦めずに考えつづけたいと、太古から続くナイル川の流れを見ながら思った。

第2章

内戦とは何か
——データと理論

ナイル川の流れ
（南スーダン，2019年3月2日）

この章ではまず、現代の戦争が圧倒的に内戦であること、またそうした内戦も含め、戦争が四つのタイプに分類できることを「ウプサラ紛争データ」を基に示す。その上で、軍事紛争を未然に防いだり、早期に終結させたり、終結した後に持続的な平和を作るために行われる、国連の三つの取り組みについて紹介する。そして、そのなかで最も困難と言われる「紛争予防」について、イエメンを例に考察する。最後に、和平調停に関する「ステッドマン理論」を踏まえ、本書の理論的な枠組みを提示する。

1　四つの分類

ウプサラ紛争データが伝える現代の戦争

現代の戦争の圧倒的多数は、内戦である。世界の紛争データとして世界的に信頼されているスウェーデンのウプサラ大学が毎年発表する「ウプサラ紛争データ」によれば、二〇一八年に起きた軍事紛争五二件のうち実に五〇件までが、政府側と反政府勢力が、権力の掌握を巡って戦闘を行っている「内戦」である。

そして二〇一一年にシリア内戦が、二〇一三年に南スーダンでも内戦が勃発したことなどが重なり、世界は、冷戦終結後、ルワンダ虐殺が起きた一九九四年を除いて、最も多くの軍事紛争と、犠牲者を生む状況に直面することになった。

ウプサラ紛争データは、一年間に二五人以上が死亡した戦闘が起きた衝突を、軍事紛争と定義している。図2－1は、一九八九年から二〇一八年に軍事紛争によって亡くなった人の推移を示している。この図では、①政府が一方の当事者となっている紛争、②政府が関与しない、異なる二つ以上のグループによる紛争（ギャング同士の戦闘など）、③政府やその他の勢力が、民間人を一方的に攻撃する紛争、の三つに分けてその犠牲者を示している。

この図からわかるように、二〇一三年以降、世界は多くの政府が関与する軍事衝突に直面し、紛争による犠牲者の総数は、二〇一四年から一六年にかけて三年連続して、一〇万人を超えることとなった。これは冷戦終結後、人類にとってはじめての経験である。これに伴い、

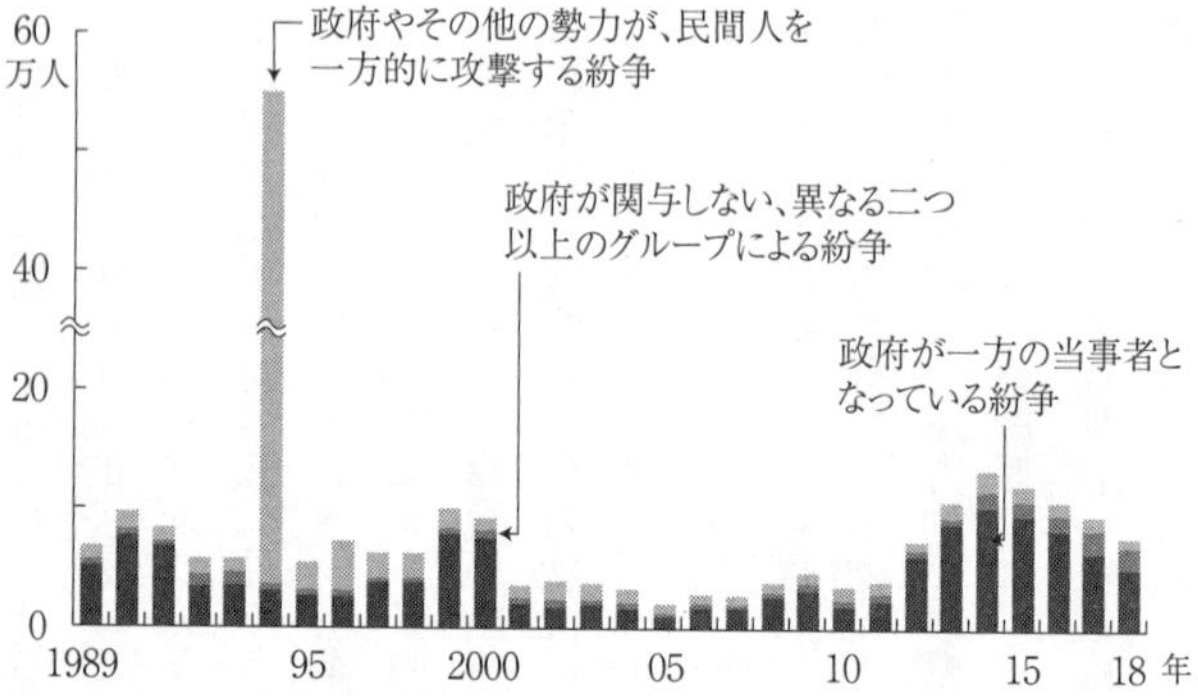

図２－１　軍事紛争による死者数の推移（1989～2018年）
註：1994年はルワンダ虐殺によるもの.
出所：ウプサラ紛争データ（2019年）より作成.

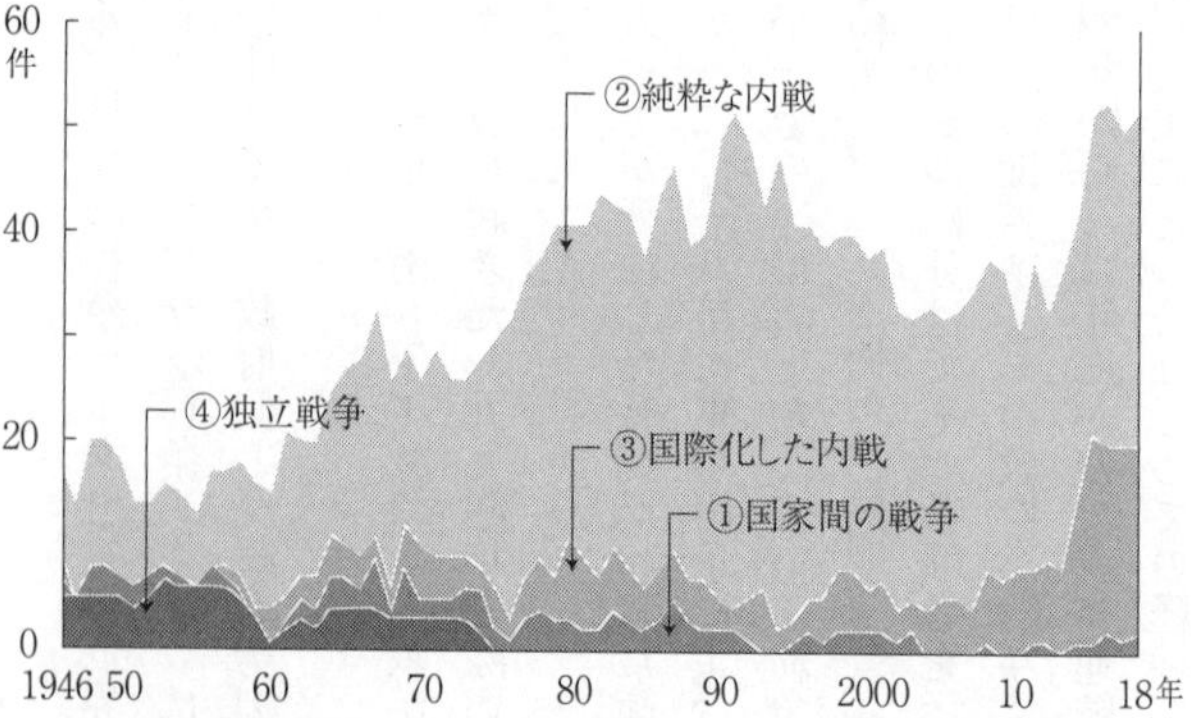

図２－２　軍事紛争の発生件数の推移（1946～2018年）
出所：同上.

世界中に紛争地から難民が発生し、二〇一九年にはついに七〇〇〇万人を突破したと、国連難民高等弁務官事務所（UNHCR）は発表している。これは第二次世界大戦後、最も多い難民の数となっている。

図2－1からもわかるように、戦争のほとんどは、政府が関与する軍事紛争であるが、このうち、異なる政府の間で戦闘が行われる、いわゆる国家間の戦争は極めて少ない。ウプサラ紛争データでは、一九四八年から二〇一八年の軍事紛争を四つのタイプに分けて、表示している（図2－2）。四つのタイプは、①国家間の戦争（interstate conflict）、②純粋な内戦（intrastate conflict）、③内戦をきっかけに始まったものの、後に外国の部隊が軍事的に介入し国際化したもの（internationalized intrastate conflict）、④植民地からの独立戦争（extrastate conflict）である。

減少する国家間戦争

この図からわかるように、まず④の植民地からの独立戦争は、一九七四年を最後に世界からなくなっている。また、①の国家間の戦争については、一九七〇年以降、五件を超えることは稀《まれ》となり、冷戦後は二件を超えることはほとんどなくなった。しかし一つ一つのインパクトは依然として大きい。代表的な例は、米国が二〇〇一年に行ったアフガニスタン攻撃や、二〇〇三年に行ったイラク攻撃などである。そしていずれも、大国が軍事侵攻して政権転覆を果たしたものの、新たな国家建設がうまくいかず、その後、長年にわたる内戦に突入している。

内戦が国際化する

逆に第二次世界大戦以降、増えつづけているのが、②の「純粋な内戦」や、③の「国際化した内戦」である。②の純粋な内戦においては、異なる勢力が、国家の権力を巡って武力衝突を繰り広げている。

そして現代の内戦のもう一つの特徴は、当初、純粋に政府と反政府勢力による戦闘だったものが、そこに周辺国やグローバルな大国が介入することによって国際化した戦争が多くなっていることである。これが③の「国際化した内戦」である。

その典型的な例は、シリア紛争である。シリア紛争は当初、シリアのアサド政権と、アサド大統領の辞任を求める反政府勢力の戦闘だったが、反政府武装勢力に対してサウジアラビアや、カタール、トルコ、米国などが軍事的・財政的支援を行った。これに対し、イランやロシアがアサド政権を守るために、大々的に軍事介入を開始した。その結果、「シリア紛争はサウジアラビアとイランの代理戦争」と一部で言われるほど紛争が国際化し、そのことによって甚大《じんだい》な被害が生まれ、二〇一一年からの七年間で、実に五〇万人近い死傷者と七〇〇万人を超える難民が発生するという、二一世紀最大の悲劇の一つになったのである。同じことは、国連が現在、世界最大の人道危機と訴えるイエメン紛争についても、そのまま当てはまる。

そして図2－2からもわかるように、二〇一三年以降、この国際化した内戦が、飛躍的に増えている。それまで年に七件から八件であった国際化した内戦は、二〇一七年以降、二〇件前後で極めて高い水準を維持している。ちなみに、二〇一八年に起きている五〇件の内戦のうち、一八件が「国際化した内戦」とされている。

それも一つの要因となり、現在の世界は、極めて内戦の数が多い状況になっている。ウプサラ紛争データによれば、内戦の数が五〇件を超える年が何年も続くような状況は、第二次世界大戦以降、はじめてである。

考えてみれば、現在の国連加盟国は一九三か国。そのうち、五〇もの国で、政府が関与する軍事紛争、内戦が起きているのだ。ここに、現代の戦争を巡る深刻さがある。確かに人類は、「国家間の戦争」を少なくすることには、かなり成功したかもしれない。しかし、国家のなかで起きる凄惨な内戦は、今も、世界中の国家の実に三分の一近くで起きているのだ。これを克服することが、そこに住む人々の安全と尊厳、つまり「人間の安全保障」にとっていかに大切なことか、論をまたない。

2　和平調停の三つの段階

グテーレス事務総長報告

では、こうした内戦や紛争を解決するために、国連を始め、国際社会はどのような努力を行っているのだろうか。

二〇一八年一月、グテーレス国連事務総長は、「平和構築と平和の持続」と題するレポートを発表した。二〇一七年一月に第九代国連事務総長に就任したグテーレス氏にとっては、一年の準備の後、国連の平和への関与のあり方をこのレポートで打ち出した形となった。

このレポートでグテーレス事務総長は、「持続的な平和」(Sustaining Peace)という概念を新たに提示し、軍事紛争を巡る三つの段階における国連の関与を明確化した(図2-3)。

一つは、軍事紛争が実際に始まる前の段階で、外交的な努力や仲介をすることでそれを未然に防ぐ「紛争予防」(Conflict Prevention)。次に、実際に軍事衝突が始まってしまった後、外交的な調停や仲介で、和平合意の実現を目指す「和平交渉」(Peace Negotiation)。そして、

紛争前	紛争中	紛争後
紛争予防	和平交渉	平和構築 （国連 PKO を含む）

図2－3　和平調停の3つの段階

和平合意によって戦闘が停止された後、統治機構や国家の再建などを通じて、持続的な平和を築く、いわゆる「平和構築」（Peacebuilding）である。国連安全保障理事会（安保理）の決議により派遣される国連ＰＫＯ部隊によるＰＫＯ活動も、多くの場合、こうした「平和構築」を支援するために派遣される（なお国連ＰＫＯは、国家間の戦争が停戦に至った後、停戦監視のために派遣されることもあり、これは「伝統的ＰＫＯ活動」と呼ばれている）。

国連は冷戦終結以降、カンボジア、東ティモール、シエラレオネ、ブルンジ、コンゴ民主共和国、マリ、中央アフリカ、南スーダンなど数多くの国で、国連ＰＫＯ活動を伴う形での「平和構築」活動を続けてきた。そしてグテーレス事務総長は、この三つの段階全てにおいて、国連は切れ目なく関与し、紛争解決のために努力すべきだという考えを打ち出している。

全てに関与する「和平調停」

そして、「和平調停」（Mediation）は、この三つの全ての局面に関わる外交努力と言える。紛争前の「紛争予防」においても、国連やそのほかの地域機構が指名した特使や、特定の国家が紛争当事者の間を外交的に仲介したり仲裁したりして、軍事衝突に及ぶのを未然に防ごうとする。また紛争が勃発した後の「和平交渉」においても、紛争当事者の間を行き来して、双方が和平合意に向けた協議を始めることを促し、その後、継続的な交渉を仲介することで、和平合意の締結と、それに伴う停戦の実施を目指す。これも和平調停の大きな役割であり、メディアなどでもよく紹介される、比較的目立った活動と言える。

さらに、紛争後に持続的な平和づくりを目指す「平和構築」においても、国連の現地のトップである国連事務総長特別代表（ＳＲＳＧ：Special Representative of the Secretary-General。特使と呼ぶ場合もある）が、和平合意当事者や、和平合意から離脱して戦争に戻ろうとする指導者などと頻繁に対話を重ね、和平合意が実施され、政府機能や統治機能が回復するよう努力する。憲法の作成、選挙の実施、軍閥の解体や、軍や警察といった治安機構の整備など、数多くのプログラムで国連など第三者による、異なる勢力間の調停が必要となる。こうした外交努力も和平調停の一部であり、多くの場合、国連安保理の決議で臨時に作られる国連現地事務所、具体的には「国連ＰＫＯミッション」、もしくは「国連特別政治ミッション」（ＰＫＯ部隊を伴わず、政治的な役割に限定した国連ミッション）がその任務を担っている。

和平調停への関心の高まりと制度構築

冷戦の終結により、国連の和平調停活動への期待が国際社会から高まったことを受けて、「国連政務局」が一九九二年に、ニューヨークにある国連本部のなかに設立される。そして、二〇〇六年には、その国連政務局のなかに、和平調停を専門に担当する「調停支援ユニット」が設置された。

私は、ちょうど調停支援ユニットが発足した二〇〇六年に、カナダのブリティッシュ・コロンビア大学の修士課程から博士課程に移行し、国連の和平調停や「平和構築」に関する現地調査を本格的に開始していた。そして、最初の国連本部での調査において、和平調停に関するキーパーソンとして紹介されたのが、この調停支援ユニットの初代部長だったクリストファー・コールマン氏（写真2－1）であった。

写真2－1　コールマン調停支援ユニット部長
出所：本人提供.

コールマン氏は、前年の二〇〇五年に締結された南北スーダンの包括的和平合意の締結を、国連側からサポートしていたチームの中心人物で、その手腕が高く評価されていた。コールマン氏は、「これからの国連の平和活動において、和平調停は、PKO活動に並んで重要な活動になります。そのことを加盟国に理解してもらい、国連としても成果をあげていきたいと思います」と、物静かに、しかし情熱を持って語った（現在コールマン氏はコソボの国連事務総長副代表に就任、コソボでの信頼醸成や和解の促進に向けた陣頭指揮を執っている）。

その後「調停支援ユニット」は、二〇〇八年に「和平調停スタンバイチーム」を立ち上げた。これは、常時七人程度の和平調停の専門家を国連が年間契約で雇用し、必要な場所にただちに派遣して、調停活動を支援できるようにしたものである。スタンバイチームのメンバーの多くは、憲法をはじめ法律の専門家や、紛争地域の出身でその言語を駆使して調停に参加できる大学教授、NGOの幹部として水や土地を巡る紛争の調停をしてきた人などである。多くの場合、スタンバイチームは、紛争の解決を目指して国連事務総長によって任命される国連特使のチームに派遣され、国連特使と協力しながら和平調停を進めていく。

こうした国連事務局側での体制が整備されていくなかで、国連加盟国の側でも、和平調停を積極的に支援していこうとする動きが始まる。二〇一〇年九月には、トルコとフィンランドが共同議長国となって「和平調停フレンズグループ」が発足。日本も含め、現在約五〇の国がこのフレンズグループに参加している。このグループが原案を作り、国連加盟国全体に提示して交渉を行い、二〇一一年七月に、和平調停に関する最初の国連総会決議「紛争の平和的解決や、紛争予防のための和平調停の役割を強化するための決議」が、全国連加盟国が賛成する形で採択された。この決議には、国連の和平調停活動を一層発展させることや、国連事務総長に和平調停のガイダンス作りを行うように要望する内容が盛り込まれた。

この決議を受け、調停支援ユニットが中心となって、加盟国とも協議を続けながら「和平調停ガイダンス」が作成され、二〇一二年の国連事務総長報告の付帯資料として全加盟国に配布された。これを受けて二〇一二年一〇月には、このガイダンスを有効活用することを奨励する国連総会決議が採択された。また二〇一四年、二〇一六年にも、相次いで和平調停の重要性をうたう国連総会決議が採択された。

和平調停の課題

このように国連事務局内に和平調停を応援する体制も徐々に整備され、和平調停を政治的にサポートする国連総会決議も相次いで採択されている。しかし問題は、その和平調停活動の成果がなかなか現れていないことである。二〇一四年以降、第二次世界大戦以降で最も多くの内戦が世界各地で続いていることや、大戦後最も多い、七〇〇〇万人を超える難民や国内避難民が生まれていることが、その試練を物語っている。

先にあげた和平調停が関わる三つの段階のうち、最も成果をあげているのは、和平合意後（もしくは戦争によって紛争が終結した後）の、紛争再発を防ぎ、持続的な平和づくりを目指す第三段階の「平和構築」の分野である。少し古いデータだが、米国のシンクタンク、ランド研究所（RAND）が二〇〇五年に出したレポートによれば、「第二次世界大戦から二〇〇五年までに、国連が主導した「平和構築」（国家再建）活動のうち、成功したと考えてよいのは、約三分の二であり、これは他の国が行った国家再建よりはるかに成功率は高い」としている。また、カーネギー財団のミシン・ペイ研究員は、二〇〇三年に出したレポートのなかで、「第二次世界大戦後、米国が単独で手がけた一六の国家再建のうち、成功したのは、日本、西ドイツ、パナマ、グレナダのわずか四つである。大国が主導する国家再建は、どうしても新植民地主義と現地の人に受け取られ反発を受けてしまう。この歴史を見れば、国連に国家再建をゆだねるほうが政策的に正しいことは明らか」と主張している。

しかし国連が中心的な役割を担った「平和構築」においても、紛争が勃発・再発してしまった南スーダンのようなケースや、コンゴ民主共和国やマリ、中央アフリカなど、国内の一部で戦闘が続いており、なかなか国全体として持続的な平和に移行できないケースも最近は増えている。他方、東ティモール、シエラレオネ、リベリア、コートジボワールなど、国連PKOが派遣されて「平和構築」を国連が支援し、それなりに持続的な平和を築いた上で、国連PKOが撤退したケースも数多く存在する。その意味で、「平和構築」において、国連が一定の役割を果たしていることは間違いない（詳細は第5章で記述）。

他方、第二段階の紛争が起きている最中の「和平交渉」における国連の和平調停は、極めて厳しい状況が続いている。シリア紛争における調停、イエメン紛争における調停、リビア紛争における調停などは、国連特使による懸命の仲介努力が続くものの、成果をあげていない。また、南スーダンやアフガニスタンなど、第三段階の「平和構築」の段階から、軍事衝突が再度勃発してしまい、紛争状態に戻ったなかでの「和平交渉」においても、国連は調停者としての役割をあまり果たせないでいる（第3章で詳述）。こうした紛争下の「和平交渉」における国連の調停活動の難しさは、国連特使やそのチームの能力の問題というよりも、周辺国やグローバルな大国による「国連の濫用」という構造的な要因によるものと私は考えている（第4章で詳述）。

そして、最も成果をあげることが困難なのが、第一段階の「紛争予防」における国連の調停活動である。その大きな要因として、実際に軍事紛争が始まる前に、国連安保理がその国の問題を話題にしたり、国連事務総長が特使を派遣すること自体を、「自分たちの国が紛争の危機に瀕《ひん》していると認定されることは心外である」として、現地政府が拒否するケースが多い現実がある。つまり「紛争予防」段階では、国連が関与すること自体が難しいのだ。

一九九八年には当時のコフィ・アナン国連事務総長が、米国がイラク攻撃を始める直前にイラクを訪問し、サダム・フセイン大統領から国連による大量破壊兵器の査察への譲歩を引き出し、戦争をギリギリのところで回避した。このように、国家間の戦争を未然に防ぐことについては、国連事務局もそれなりに役割を果たしたケースはある。しかし戦争の多くが内戦に移行するなか、国連の「紛争予防」活動については大きな試練が続いている。

本書では、こうした現状を受けて、主に第二段階の紛争下での「和平交渉」や、第三段階の和平合意後の「平和構築」の課題を分析することを目的にしている。しかし次節では、内戦の勃発を一度は回避し、国連の「紛争予防」活動の最大の成功例と見られながら、数年後、無残にも内戦に突入してしまったイエメンのケースを振り返り、第一段階の「紛争予防」の難しさについて考察したい。

3 「紛争予防」の難しさ——イエメン紛争

アラブの春とイエメン

二〇一一年のアラブの春は、サウジアラビアの隣国であるイエメンにも押し寄せた。三〇年以上、独裁者として君臨してきたサーレハ大統領の辞任を求めるデモが、若者を中心に首都サヌアや全国各地で勃発。内戦の突入を恐れたサウジアラビアを首領とする湾岸協力理事会（GCC）が、サーレハ大統領が退陣してハーディ副大統領に大統領権限を委譲する代わりに、サーレハ大統領は訴追から逃れる「GCCイニシアティブ」を提案した。

しかしサーレハ大統領が権力維持にこだわり、内戦突入が現実味を帯びたことから、国連安保理は二〇一一年一〇月に、サーレハ大統領にGCCイニシアティブを受け入れるよう求める決議を全会一致で採択。当時のパン・ギムン国連事務総長は、モロッコ出身で国連平和構築支援オフィスや政務局で長年活躍してきたジャマル・ベノマー氏をイエメン担当国連特使に任命した（写真2－2）。

ベノマー氏は、モロッコの大学に滞在中、民主化運動に参加し、独裁体制だったモロッコ警察に逮捕され、さまざまな拷問《ごうもん》を受けた後、刑務所で八年間を過ごした（獄中で修士を取得）。アムネスティ・インターナショナルが、ベノマー氏を含む、モロッコの学生運動関係者の解放を粘り強く訴えたことや、ベノマー氏が獄中から通信教育で指導を受けたフランスの大学教授がモロッコ政府に働きかけたことで、ベノマー氏は一度、釈放される。しかしその後、経済苦境を理由とするデモが起こると、何の嫌疑もなく再度逮捕された。二週間で釈放されるものの、またいつ逮捕されるかわからず、ついにベノマー氏は、海外への逃亡を決意。漁民のボートに乗り、スペイン経由でイギリスに逃れた。英国から政治難民と認定された後も学問を続け、ロンドン大学で博士号を取得し、国連に入った。その後二〇年以上を国

写真2－2　ベノマー・イエメン担当国連特使（2014年1月25日）
出所：AFP＝時事.

連で勤務し、まさにたたき上げの国連職員であるベノマー氏が、国連イエメン特使に抜擢《ばってき》されたのだった。

ベノマー国連特使の調停と内戦回避

ベノマー氏は、何度もサーレハ大統領と、サウジアラビアなど湾岸諸国との間を行き来して調停を続け、二〇一一年一一月、最終的にサーレハ大統領は自ら退陣し、GCCイニシアティブを受け入れた。このベノマー氏の調停によって、イエメンは内戦突入をギリギリのところで回避し、ベノマー特使も、国際社会から優れた調停者として大きな評価を得た。

その後ベノマー特使は、二〇一二年以降、副大統領から暫定大統領に昇格したハーディ氏を助けながら、イエメンの民主化プロセスを支援した。一年間の準備を経て、二〇一三年二月、イエメンは、国連の支援の下、五六五人のメンバーによる「イエメン国民対話」を開始。この「国民対話」が、将来のイエメンの国家体制の骨格を定め、それを基に憲法を起草し、民主的な選挙を経て、民主的国家に移行することが目指された。そのプロセスの最前線にベノマー特使がいた。

実は私は、二〇〇六年に国連の平和活動の調査を始めたとき、ベノマー氏に個人的にとてもお世話になっていた。その年新たに設立された「国連平和構築委員会」に付随する形で国連事務局に作られた「国連平和構築支援オフィス」のトップにキャロリン・マクアスキー国連事務次長補が任命されたが、そのナンバー2を務めていたのが当時のベノマー平和構築支援オフィス副代表だった。私のカナダの大学の先輩でもあったマクアスキー氏が、全面的に調査を応援してくれることになり、その依頼を受けて、ベノマー氏は、二〇〇六年八月に二週間ニューヨークに滞在した私のために、二〇人以上の国連幹部を紹介してくれた（その一人が、前述のコールマン調停支援ユニット部長だった）。その後も、私が現地調査の発表などでニューヨークを訪れるたびに会って報告していたが、その彼が、イエメンの紛争回避と民主化へのプロセスを国連特使として支援する大役を務めることになった。

「国民対話」とその挫折

私が、大学と外務省の人事交流で、二〇一二年八月から二〇一四年八月まで国連日本政府代表部で公使参事官を務め、和平調停を統括していたときは、ちょうどベノマー氏が、イエメン国連特使として最も脚光を浴びていたときだった。昔からの知り合いであることから、

図2－4　イエメン略地図

ベノマー特使もニューヨークに帰ってくるたびに個別に会ってくれて、国民対話の進《しん》捗《ちょく》状況やその課題を話してくれた。

ベノマー氏は、国民対話を、非常に包摂的で、さまざまな地域やグループの代表が参加するものになるよう、尽力していた。五六五人のメンバーのうち、四〇パーセントは、イエメンにこれまで存在していた政党からのメンバーだった。また反政府側のホーシー派から三五人、南部の独立運動を行っていた南部運動から八五人が参加した。また各政党のメンバーについては、全体の半分を南部出身者とすること、また三〇パーセントは女性とすること、二〇パーセントは若者にすることなどを、イエメンの政治指導者の了解を得ながら決めていった。

国民各層から幅広いメンバーが参加することで、国民が納得する国民対話にしたいというのがベノマー特使の狙《ねら》いだった。「包摂的な対話プロセスは、作り上げるにも、合意を得るのにも、確かに時間がかかります。でもそうした包摂的なプロセスを経てこそ、多くの人が納得し、その後決まった内容を遵守しようとする。私はそう確信しています」。二〇一三年の国民対話の真っただなかにベノマー特使に会ったとき、彼はそう語っていた。

二〇一三年三月から始まった国民対話は、九つの部会に分かれて、集中的な討議を行った。しかし最も難しいテーマとされた、南部問題（独立を認めるのか、連邦制にするのかなど）や、サアダ県という主にホーシー派が影響力を持つ地域の統治などについては、八か月の議論を経ても結論を出すことができなかった。

そして国民対話が終わった直後、ハーディ大統領は、イエメンの最も根源的な問題である連邦制の導入の問題について、「連邦制委員会」を新たに設立し、そのメンバー二二人を自ら指名し、議長に就任した。そしてわずか二週間で、「イエメンを六つの地域からなる連邦制とする」という結論を出し、その地域の分け方も提示し、憲法草案作成委員会に送付した。最も議論が分かれる統治の根源的な問題について、連邦制委員会を新設して、一気に決着させようとしたのである。

このように国民対話で結論が出なかった問題について、二週間で、六つの地域による連邦制の導入を決定し、かつその地域の分け方まで決めたことに対して、イエメンの各勢力が一斉に反発した。特にホーシー派は、「連邦制自体は認めるものの、今回の六つの地域への分割は、イエメンの資源配分を現政権側に過度に優遇している」と激しく反発した。イエメン政治を専門とし、英国の名門ロンドン・スクール・オブ・エコノミクス（LSE）のトビアス・ティエル研究員は、二〇一五年に出したレポートのなかで、「この区分け方で連邦制が導入された場合、ホーシー派が伝統的に影響力を維持していたと考えている場所での権益が、ほとんどなくなる状況だった」と指摘している。

ベノマー国連特使最後の調停

危機感を強めたホーシー派は、二〇一四年九月に首都サヌア市で政府の治安部隊と軍事衝突し、政府機関、国軍関連施設の一部を占拠した。事態の悪化を防ごうと、ベノマー特使が懸命の仲介をして、二〇一四年九月二一日に、イエメン諸派とホーシー派、そしてイエメン政府の間で、「平和と国民パートナーシップ合意」が締結され、いったん戦闘は停止された。

このベノマー特使の仲介で、政府とホーシー派が調印した合意では、ハーディ大統領が、国民対話の内容も尊重しつつ、イエメンの将来的な国家のあり方について議論するために、新たな組織を作ることが決められた。「六地域による連邦制」については、この合意ではまったく触れられず、一から議論されることが想定された（少なくともホーシー派はそう受け取った）。

その後も、ホーシー派は、「パートナーシップ合意を無視し、六地域による連邦制を強行すれば、実力行使も辞さない」という声明を発表し、ハーディ大統領を牽制《けんせい》した。こうした緊迫する状況のなか、憲法起草委員会は、二〇一五年一月に「六地域による連邦制」を明記した憲法草案を発表、ハーディ大統領に提出した。これにホーシー派は激怒し、大統領警護隊と軍事衝突が始まった。軍事的に劣るハーディ大統領は辞任を表明。ホーシー派は、首都のサヌアを始め、全国各地の要衝を軍事的に掌握した。これに対してハーディ大統領は、非常に密接な関係にあるサウジアラビアに逃れ、大統領に復職したと発表する。

この事態を受けて、シーア派であるホーシー派を「イランの影響下にある」と考えているサウジアラビアが、他のスンニ派のアラブ諸国と連合軍を結成し、ハーディ政権を回復させるためとして、イエメン各地で激しい空爆を開始。またホーシー派への支援物資を止めるためとして、イエメン全土に対する経済封鎖を実施した。イエメンは、紛争を回避する「紛争予防」の状況から、「国際化した内戦」に一気に転げ落ちたのである。

情勢が悪化しつづけるなか、ベノマー特使は二〇一五年三月下旬、国連安保理に対して以下のように訴えた。「ホーシー派もイエメン全体を軍事的に制圧できるというのは幻想でしかない。同じように、ハーディ大統領が、イエメン全土を軍事的に回復できると考えることも幻想である。このような幻想を双方が抱いて、戦闘の拡大に突き進めば、イエメンは、イラク、リビア、シリアを全てあわせたような悲惨な内戦になると私は考えます」。

世界最大の人道危機

ベノマー特使の警告に、サウジアラビアなどが激怒した。これを受けて、ベノマー特使は国連事務総長に辞任の意向を伝え、翌四月、その辞任が発表された。二〇一一年一一月の内戦突入を回避したベノマー特使をもってしても、二〇一五年三月の「国際化した内戦」を止めることはすでに不可能になっていた。

シーア派の代表国であるイランを敵視するサウジアラビアとその連合軍は、ホーシー派に対する空爆や経済封鎖、そして陸上部隊の投入などを行い、イエメン奪回を目指した。一方ホーシー派も、軍事的な抵抗を続け、この「国際化した内戦」は、泥沼の様相を呈《てい》した。

サウジアラビアなどが、ホーシー派への限定的な空爆だと主張したものの、国連や国際メディアの多くが、空爆や経済封鎖によって民間人に甚大な被害が出ていると訴えた。オランダ外務省や米国国務省などから資金を得て、各地の紛争死傷者のデータを随時発表し、その公平性に信頼のある「軍事紛争・事象データ・プロジェクト」（ACLED）によれば、二〇一五年以降のイエメン紛争で、二〇一九年六月まで九万人以上が戦闘行為によって死亡した。そのうち、女性や子供を含む民間人は一万二〇〇〇人に達しており、その六七パーセントが、サウジアラビアやその連合軍による空爆や攻撃によるものとし、ホーシー派の攻撃によるものが一六パーセントとしている。また国連は、二〇一八年の段階で民間人の死亡者が七〇〇〇人に達し、その六五パーセントがサウジアラビア連合軍による空爆のためと発表した。

しかも医療体制が崩壊し、食料支援がストップしたことで、国民の四〇パーセントにあたる一二〇〇万人が、飢餓に直面していると世界食糧計画（WFP）は警告している。コレラも蔓延《まんえん》し、一〇〇万人が罹病《りびょう》したと言われる。これは一国のコレラ罹患《りかん》としては、史上最大と指摘されている。また国際NGOセーブ・ザ・チルドレンは、（戦闘ではなく）飢餓によって、イエメンの五歳以下の幼児八万五〇〇〇人が死亡したと伝えた。こうした事態を受け、国連はイエメンを「世界最大の人道危機」とし、サウジアラビアやハーディ大統領、そしてホーシー派双方に対して、戦闘を停止し和平協議に応じるよう求めつづけている。

一方、米国や英国はサウジアラビアによるイエメン攻撃を支持し、サウジアラビアに対して武器や弾薬を売りつづけてきた。特にトランプ大統領は、二〇一七年に総額三五〇〇億ドル（約三五兆円）もの武器をサウジアラビアが米国から購入することで合意したと高らかに発表した。世界最大の平和研究所の一つであるストックホルム研究所の試算によれば、二〇一四年から二〇一八年にかけて米国の武器売却全体の約二二パーセントがサウジアラビア向けになっている（二〇〇九年から二〇一三年は四・九パーセント）。こうした米国政府のサウジアラビアへの圧倒的な支持と支援が、サウジアラビアによるイエメンへの激しい軍事攻撃を支えている。

イエメンにおける子供や民間人の膨大な犠牲の前に、米国内でも、サウジアラビアのイエメン攻撃への批判が高まった。二〇一九年、米国の上院と下院はそれぞれ、超党派の議員が賛成して、サウジアラビアへの軍事支援を停止する法案を可決する。しかし同年四月、トランプ大統領は拒否権を発動し法案は葬りさられた。他方、二〇一八年一二月にストックホルムで、国連の仲介の下、ハーディ大統領派とホーシー派の代表が和平協議を行い、部分的な停戦などが合意された。しかし今も戦闘は継続され、民間人の犠牲者も相次いでいる。二〇一九年はWFPのトップが、ホーシー派が食料支援を滞らせていると批判。紛争当事者双方への批判が高まるなか、イエメンは行き先の見えない冷戦の暗いトンネルのなかにいる。

二〇一一年のアラブの春から現在に至るイエメンの情勢は、「紛争予防」がいかに困難なものであるかを如実に示したものであった。またこうした和平調停プロセスにおける、周辺諸国やグローバルな大国の責任の大きさをもまた、浮《う》き彫《ぼ》りにしている。

4 「ステッドマン・セオリー」と現在の課題

ステッドマン教授の理論

内戦における和平調停は、なぜ難しいのか。この問いについて、最も代表的な理論を一九九六年に提示したのが、米国スタンフォード大学の教授であるステファン・ステッドマン(Stephen Stedman)である。ステッドマン教授は、その後、当時のアナン事務総長が主催し、二一世紀の安全保障の問題についての国連のあり方を議論した賢人会議にも招かれ、二〇〇四年に賢人会議が出したレポート「より安全な世界のために——私たちが共有する責任」の主要執筆者でもあった（この賢人会議には、日本から緒方貞子氏が出席した）。

現代を代表する紛争解決に関する理論家であるステッドマン教授は、「内戦における交渉と和平調停について」という一九九六年に発表した論文のなかで、「一九〇〇年から一九八〇年の間に起きた軍事紛争のうち、「和平交渉」によって外交的に終わった内戦はわずか一五パーセントしかなく、残りの八五パーセントは、一方的な軍事勝利で終わっている。他方、同じ時期に起きた国家間の戦争のうち、五〇パーセントが「和平交渉」で戦争が終結している。つまり内戦は、国家間の戦争よりもはるかに「和平交渉」による終結が難しい」と主張する。

そしてステッドマン教授は、内戦が外交努力による終結が難しい理由として、主に以下の三つをあげる。

①内戦は、多くの場合、相手か自分がやられるまで戦うという、全体戦争である。つまり、内戦の戦闘指導者の多くが、相手を壊滅させ、完全な軍事的な勝利を獲得するまで戦争を続けようと考えている。
②仮に紛争当事者が、限定的な目標を持ち、妥協してもよいと考えたとしても、相手に対する非常に大きな「不信」や「恐怖」があり、はたして相手が、本当にこちらの壊滅を目指していないのか、難しい判断を迫られる。
③内戦を政治的に解決する場合、紛争当事者が軍備解体し、一つの政府と一つの軍隊を作る必要が出てくる。上のような相互不信があるなかで、これを受け入れられない紛争当事者が数多くいる。

このような理由で、軍事的勝利で決着がついてしまう場合が多い内戦であるが、ステッドマン教授は、二つの場合、それでも和平合意が成立する可能性があると主張する。

①このまま内戦が続いた場合、膨大な人的な被害が出て、共倒れになるという恐怖が高まった場合。

②政治的な合意をした後の結果（当事者の安全、権限、国政への参加等）についての懐疑心や恐怖心が少なくなり、合意することへの安心感が増した場合。

特に、和平合意案で、将来の民主的な選挙が約束された場合、その選挙自体が公平で公正であると信頼できれば、政治的な解決を受け入れることが容易となる。また、たとえ最初の選挙で負けても、野党として政治的には存立でき、その後恣《し》意的に逮捕されたりせず、二回目以降の選挙にも、まっとうな形で参加できると考える状況になれば、和平合意を結ぶ可能性が高まると、ステッドマン教授は主張した。

そのため、国連や、仲介に入る第三国など国際社会は、和平合意の可能性を高めるために、①紛争当事者への武器禁輸などを行って、一方的軍事的勝利が難しいと当事者に思わせること、②和平合意が実施された後、当事者の安全確保や、公正な選挙の実施について、第三者として監視を行うなど、紛争当事者の将来への不安をなるべく少なくすること、などが可能だとしている。

その上で、異なる紛争当事者に、和平合意の実施について、信頼や安心を供与する第三者として誰がよいのかについて、ステッドマン教授は、一部にある「国連には仲介する十分な機能はなく、和平調停に関わるべきではない」とする意見については、「あまりに国連に辛辣すぎる」と退けている。他方で、周辺国などが協力的でないときには、国連は機能を果たせないと明確に主張している。そしてステッドマン教授は「内戦に関わる関係諸国が、どのようにその内戦を終えるかについて、コンセンサス（同意）を持ち、一枚岩になったとき、はじめて国連は、その内戦終結に向けた仲介者として役割を果たすことができる」としている。

具体的には、内戦が続いたエルサルバドルでは、国連事務総長特別代表が紛争当事者への調停を続けて和平合意の具体的な内容を議論しつつ、周辺の支援国は、紛争当事者に対して、「合意に前向きでなければ、支援を停止する」と圧力をかけて、和平合意を実現させたことなどを、ステッドマン教授は例としてあげている。このように、周辺国やその他の関係国が、戦争をどう終わらせ、その後の和平プロセスをどう進めるか合意したときのみ、国連は役割を果たせるというのがステッドマン教授の結論であった。

現在の内戦への有効性

私は、二〇年以上前に提示されたこのステッドマン理論は、今も基本的に有効だと考える。「なぜ、内戦が和平合意によって終結することが困難なのか」という問題についてステッドマン教授が提示した理由の一つ、「紛争当事者が軍事的勝利を目指すため」というのは、まさにシリア内戦にあてはまる。国連を仲介とする「和平交渉」に形では応じつつ、「アサド政権は軍事的勝利により領土を回復すること以外、念頭にない」というのが、多くの調停者や専門家の共通の見方である。そして、ロシアやイランが行ったアサド政権を支えるための軍事介入が、アサド政権に軍事的勝利への確信を高めさせることになった。

また紛争当事者がなかなか和平合意できないもう一つの理由としてあげられている、「和平合意した後に、合意が実施されず壊滅させられるのではないかという不信や恐怖」は、まさに南スーダンにあてはまる。和平合意後の不信や恐怖が和平合意を妨げる大きな理由になっているのも、ステッドマン理論が示すとおりである。

包摂性と和平調停

ステッドマン理論の有効性を確認した上で、さらに本書で理論を深めたいのは、「どんな主体が「和平交渉」に参加するべきか」という、いわゆる包摂性の問題である。この問題については、ステッドマン教授は特に触れていない。

私は二〇〇八年に国連PKO局からレポートを出版して以来、和平合意後の、その実施段階、つまり「平和構築」の段階では、

①国連の役割
②包摂的な政治プロセス
③人々の生活やサービスの向上（平和の配当）
④強制力（警察や軍）の整備

の四つが重要だと主張してきた。この四つがあれば、和平合意が遵守され、大部分の人がルールに従おうと考える、正統性ある政府を樹立する蓋然《がいぜん》性が高いという主張である（拙著『平和構築』、および *Challenges of Constructing Legitimacy in Peacebuilding* 等を参照）。特に、これまでの議論では、③人々の生活やサービスの向上（平和の配当）と④強制力（警察や軍）の整備が強調されたが、それに加えて、①の国連の役割や、特定の民族や部族や政治勢力を排除しない②の包摂的な政治プロセスこそが、「平和構築」の成功にとって極めて重要だというのが、私の「平和構築」に関する主張である。

しかしこの包摂性の問題は、和平合意後の「平和構築」の段階と、まだ戦火が続いている

紛争下の「和平交渉」の段階とでは異なる性質があり、後者においては、より柔軟な対応が必要なケースが多々あると考えている。

和平調停と包摂性の国連総会決議交渉

紛争下の「和平交渉」の段階と、和平合意後の「平和構築」の段階では、当事者の包摂性に違いがあること。それは、二〇一四年に国連総会で決議された和平調停に関する三度目の国連総会決議にも反映されている。このとき私は、国連日本政府代表部の公使参事官として「平和構築」や和平調停などのテーマを統括していた。これまでの学問的な研究や、国連日本代表部に所属していたときに実施していた「国家再建における包摂性に関する連続セミナー」での議論を基に、和平調停の国連総会決議にも、この包摂性の重要性を盛り込みたいと考えた。

二〇一三年や二〇一四年に主催した「平和構築における包摂性に関する連続セミナー」での専門家の議論においても、①紛争下の和平交渉においては、影響力の大きな勢力に絞って交渉を行わないと、和平合意そのものができないケースが、確かに存在する。②しかし、たとえ最も影響力の大きい紛争当事者の間で和平合意せざるを得なかったとしても、和平合意の中身そのものは、全ての人たちが新しい国づくりに参加できる内容にすることが大事。③

そして、その和平合意の実施段階では、あらゆる勢力の広範囲な参加が極めて重要、という主張が多数を占めていた。

これを受けて私は、日本外務省本省の了解も得て、「和平調停によって合意された和平合意を実施する段階における「包摂性」の重要性を強調する」（傍線著者）という文言を決議に新たに挿入するよう、日本政府として提案を行った。和平調停そのものではなく、「和平合意を実施する段階、つまり「平和構築」の段階における包摂性の重要性を強調する」という、上の「包摂性に関する連続セミナー」の議論などを踏まえた提案であった。

決議案交渉が始まり、前述した、約五〇か国が参加する「和平調停フレンズグループ」という友好国グループのなかで、まず決議案全体を巡るさまざまな交渉が行われた。そのなかでトルコやフィンランドなど議長国から、「せっかくなので、和平調停における包摂性と、その後の実施段階における包摂性を双方ともに強調する文言にしたい」という申し入れがあり、私も一度は受け入れた。

しかし、「和平調停フレンズグループ」での案がまとまり、全ての国連加盟国との交渉に入った際、この文言に関し、一部の国から反対があがった。私がそうした国の代表に会って説明を丁寧に行ったところ、多くの国は賛成に回ったが、ロシアは反対していた。よく知っていたロシアの担当官と会うと、「紛争下の和平交渉においては、当事者を絞らないと合意ができないことがある。この一文を決議のなかにそのまま入れると、調停者の手を縛る可能性がある」と強く主張した。

私も、当初はそうした考えに基づき、「和平合意後の実施段階における包摂性の重要性を強調する」という提案をしていたこともあり、その点は理解できることであった。他方、「和平合意後の「平和構築」段階における包摂性」の重要性については、これまでのいろいろな「平和構築」の失敗を見れば明らかであるとして、ロシアに受け入れるよう説得を続けた。ロシアの担当官は、何度かモスクワの本省と交渉し、最終的にロシアとしては、「和平合意後の実施段階における包摂的な国内プロセス」という言葉であれば受け入れられるとした。

その後、欧州連合（EU）やロシア、カナダやイランなど、この問題に関心のある国々で議論を続けたが、最終的には、私の議論にみなが納得してくれて、「和平調停者による紛争当事者による対話の促進の強調と、和平合意を実施する段階での「包摂的な国内プロセス」の重要性を強調する」（傍線著者）という内容で最終合意がなされた。この文章が入った形で、国連総会決議は全会一致で二〇一四年七月に採択された。これが、和平調停に関する国連総会決議のなかで、「包摂性に関する重要性」が盛り込まれた最初の国連総会決議となった。

この交渉過程に見られるように、あくまで、「和平合意後の実施段階における「包摂性」」に限定した形で合意したことは、多くの加盟国が上の内容を理論的に受け入れたことを反映していた。実際、二〇一六年に再び採択された和平調停に関する国連総会決議でも、上の文章は、一字一句変わらず、再び採択されている。他方、和平合意後の実施過程である「平和構築」に関する国連総会決議においては、「平和構築における包摂性の重要性」が強調される文言が、二〇一六年の国連総会決議から明確に盛り込まれるようになった。

こうした国連総会決議からもわかるように、「紛争下の和平交渉における包摂性」については、和平合意を締結する必要性から、ある程度の柔軟性が必要であることを加盟国や国連も認識している。もちろん、いろいろな勢力が参加した形で合意ができれば、それに越したことはない。しかし、あまりに多くの当事者が参加すると、和平合意そのものができなくなってしまうことも現実にはある。その場合、交渉当事者を絞ってまず合意を行い、その上でまた幅広い勢力との対話を行うなど、柔軟なプロセスが必要になる。実際、私の現地調査の多くが、そうした柔軟なプロセスの必要性を示唆している。この紛争下の和平交渉における包摂性の問題については、第3章「交渉のテーブルにつくべきは誰か」で中心的に扱う。

「国連濫用」のリスク

さて、私が「平和構築」の段階において重要としている「国連の役割」は、「紛争下の和平調停」において、どう考えるべきだろうか。

私は、「平和構築」の段階においても、国連が無条件に信頼されているとは考えていない。それでも、「他の大国が、国家の再建（平和構築）において大きな権限を持ってしまうと、当然現地の人から、新植民地主義ではないかと疑われてしまう。その意味で、国連はまだ公平で公正という比較優位を持っている」と主張している。実際、現地で行ったアンケート調査などでも、国連が、イラクやアフガニスタンにおける米国、東ティモールにおけるオーストラリア、シエラレオネにおけるナイジェリアなどと比べて、信頼される第三者として比較優位を持っていることは明らかであった（前述『平和構築』等参照）。

しかし「紛争下の和平調停」においては、状況はかなり異なる。まず内戦中には、紛争当事者は、グローバルな大国や周辺国からさまざまな支援を得ていることが多い。そうした関係国こそが、紛争当事者に対して大きな影響力を保持している。

その際、周辺国やグローバルな大国が、実際には紛争当事者への軍事的・財政的援助を続けつつ、他方で「国連特使の和平調停努力を歓迎する」と、表面的には和平合意に向けた国連の活動を応援しているとアピールする場合が多々ある。このような状況では、いくら国連特使が関係者を回って調停を繰り返しても、内戦が止まる可能性は極めて低い。

本来このようなとき、国連は調停に乗り出さないほうがよいかもしれない。しかし国連事務局からすると、シリアやイエメンなど、大国が介入する大きな紛争にまったく関わらないことは、「国連無用論」を加速させかねないという懸念がある。そのため、周辺国やグローバルな大国の対応が変わらなければ、実際には和平合意は難しいと認識しながら、努力だけは続けることになる。そして、内戦だけは、どんどん深刻化し、日々、犠牲者が増えていくのだ。

このように、グローバルな大国や周辺国に国連が利用されてしまう、つまり「国連の濫《らん》用《よう》」が起こるリスクが高いのが、この「紛争下での和平調停」である。このことを、本書では、包摂性に並ぶ重要な論点として提示したい。そしてこのような国連の濫用が続くかぎり、国連特使を中心とする和平調停活動は、成功の可能性は極めて低いものと断じざるを得ない（第4章でこの問題を具体的に取り上げる）。

他方、ステッドマン教授が二〇年前に提示したように、グローバルな大国や周辺国が、戦争終結に向けて一枚岩になり、これまで支援してきた紛争当事者への軍事・財政支援を止めながら、和平合意を結ぶよう説得を行えば、国連も役割を果たせるようになる。そして主要関係国が「和平交渉」を後押しし、紛争当事者が和平合意を結んだ後、国連安保理にＰＫＯの派遣を要請し、国連を中心とした「平和構築」を行う。このように、関係諸国が和平調停を主導し、その後、「平和構築」を国連にバトンタッチしてうまくいったケースも数多く存在する（カンボジアにおけるパリ和平協定、シエラレオネにおけるロメ合意など）。

つまり、安易な国連無用論に流れるのではなく、国連による和平調停がうまくいかないケースが多々ある構造的な原因を認識し、それを解消するためには、周辺国やグローバルな大国の役割が大きいことを認識する必要がある。そうした認識のなかで、グローバルな経済大国の一つである日本の役割も見えてくると私は考えている（これは第６章で述べる）。

第２章のまとめ

本章では、戦争が四つのタイプに分かれること、現代の戦争のほとんどが内戦であることを示した。そしてこうした内戦を解決するための外交努力として、「紛争予防」「和平交渉」「平和構築」という三つの段階があり、和平調停はそれぞれの段階で役割を果たしていることを述べた。その上でイエメンを例に「紛争予防」の難しさを振り返った。最後にステッドマン理論の有効性を確認しつつ、現代の和平調停の問題として、「包摂性」の問題と「国連濫用」のリスクを指摘した。次の章では、この包摂性の問題について、南スーダンとアフガニスタンを例に見ていきたい。

第3章

交渉のテーブルにつくべきは誰か

アフリカ連合本部
(エチオピア・アジスアベバ，2019年2月26日)

この章では、和平調停における包摂性、つまり誰が和平交渉に参加すべきかという問題に焦点をあわせながら、南スーダンとアフガニスタンの和平プロセスの課題を見ていくことにしたい。

南スーダンもアフガニスタンも、長い内戦を経た後、いったんは平和になると思われたものの、また紛争が再発したケースである。南スーダンは二〇〇五年にスーダンとの包括和平合意により一度和平の道が作られ、二〇一一年に独立を果たし、順調に平和づくりが進むかと思った矢先、二〇一三年末に内戦が勃発した。またアフガニスタンは、長いソ連との戦争やそれに続く内戦の後、一九九〇年代終わりにはタリバンが領土の約九〇パーセントを確保したが、二〇〇一年に米国の攻撃によりタリバン政権が崩壊。その後、平和な国づくりが始まるかに見えたが、タリバンが二〇〇五年ごろから力を盛り返し、また内戦状況に戻ってしまった。

その意味では、両者ともに、「紛争の終結」→「平和構築」→「紛争の再発」→「和平交渉」という道を辿《たど》っている。つまり「平和構築」の失敗から、紛争下の「和平交渉」に逆戻りしたケースと言える。そして、「平和構築」の失敗においても、その後の、紛争下の「和平交渉」においても、鍵《かぎ》を握ったのは、誰がどう平和づくりに参加するのかという「包摂性」の問題だった。南スーダンでは、「平和構築」の途上で、キール大統領とマチャール副大統領がともに政権運営をすることができなくなり、大規模な内戦に陥った。アフガニスタンでは、「平和構築」のプロセスからタリバンを排除した結果、タリバンが組織を再構成し軍事的攻勢に出て、再び内戦に突入した。つまり政治的な包摂に失敗し、内戦に逆戻りしたケースである。

その失敗の後に、平和を回復させるための「和平交渉」が双方続けられているが、まさにそこでも、「交渉のテーブルにつくべきは誰か」という問題を巡り、さまざまな試行錯誤と苦闘が繰り返されてきた。この章ではこの問題について、前章で述べた「「平和構築」においては、誰をも排除しない包摂的なプロセスが極めて大事である一方、紛争下の「和平交渉」においては、柔軟な姿勢も現実的には必要であり、場合によっては影響力の大きな紛争当事者による合意をまず行い、それから他の勢力にもアプローチしていくなどの工夫も必要になる」という命題について、具体的なケーススタディーを通じて考えていきたい。

1　南スーダンの苦闘——包摂的和平プロセスの困難

独立前から囁かれていた懸念

第1章でも簡単に述べたとおり、南スーダンは、四〇年以上にわたるスーダンとの内戦を経て、二〇〇五年に包括的な和平合意（CPA）で南北スーダンの代表が合意。その後、二〇一一年一月の独立を巡る国民投票を経て、二〇一一年七月に独立を果たした。

しかし独立前から、国連事務局内では、はたして南スーダンが国家として正常に運営されるのかという懸念が指摘されていた。

私は二〇一六年に南スーダンの調査をするにあたり、当時、国連本部の国連政務局次長（政務局のナンバー2）で、アフリカ担当だったタイブルック・ゼリホン国連事務次長補に長時間インタビューした。ゼリホン氏は、二〇〇六年から二〇〇七年の間、南北包括和平合意の実施に向け派遣された国連南スーダンPKOの代表を務めるなど、南スーダンに長く関わってきた人物である。その後、私の現地調査のために、国連アフリカ連合（AU）特使や、国連スーダン・南スーダン特使など要人を紹介してくれたエチオピア出身のゼリホン氏は、次のように独立当初の懸念を語った。

「私たち国連内では、独立後の南スーダンについて、強い懸念がありました。長年の内戦で、南スーダンにはほとんど統治機構がなく、主要資源である石油の管理もままなりません。また、スーダンとの独立闘争を戦ってきたスーダン人民解放軍（SPLA）が一枚岩でなく、共通の敵であるスーダンから独立した瞬間に内部分裂する可能性がありました。こうした懸念から「南スーダン独立から数年間は、東ティモールやコソボで行われたように国連が暫定統治すべきだ」という意見が国連内にありましたが、南スーダン指導者の強い反対にあい、真剣には検討されませんでした」

内戦勃発

独立から二年、懸念は現実のものとなった。二〇一三年七月、キール大統領は、最大のライバルであったマチャール第一副大統領を、他の多くの閣僚とともに、特に理由を説明せずに解任した。これに対してマチャール氏は、「キール大統領は独裁への道を歩んでいる」と激しく批判。同時に二〇一五年に予定されていた大統領選への出馬を表明した。この解任は、南スーダンの最大の部族であるディンカ族を支持母体とするキール大統領と、第二の部族で

写真3－1　キール大統領（左，2014年6月2日）とマチャール副大統領（右，2014年5月9日）
出所：AFP＝時事.

あるヌエル族を支持母体とするマチャール氏の権力闘争によるものという見方が支配的である。

　緊張が高まるなか、二〇一三年一二月一五日、キール大統領派の警護隊と、マチャール氏の警護隊が衝突した。後にキール大統領は、「マチャール氏はクーデターを起こそうとしていた」として武力行使の正当性を訴えた。マチャール氏とその部隊は、このクーデター説を、キール大統領側のまったくのでたらめと全否定し、ジュバを脱出して自らの出身地である北部の油田地域に拠点を構え、徹底抗戦に出た。そのため戦闘は南スーダン全土に広がり、南スーダンは、スーダンとの独立闘争を戦ったスーダン人民解放軍（SPLA）が二つに分かれ、内戦が始まることになった（写真3－1）。

　この状況は、統治機構の再建（建設）を通じて持続的な平和を目指す「平和構築」が、包摂的な政治プロセスの形成に失敗して破綻してしまった、典型的なケースであった。私が真っ先に南スーダンを調査したいと考えた理由もそこにあった。

その後、東アフリカの地域機構である「IGAD」が仲介に出る。南スーダンを取り囲むように位置するエチオピア、ケニア、ウガンダ、スーダンの四か国に加え、ジブチ、ソマリア、そして南スーダンで構成されるIGADとしては、南スーダンが、ソマリアのように破綻国家に陥って、何十万人単位の難民が流れ込んでくるような事態は、なんとしても避けたかった（南スーダンの略地図は図1-1参照）。

キール派とマチャール派で「和平交渉」

二〇一四年から始まった南スーダン「和平交渉」は、IGADが調停者として主役の役割を果たし、アフリカ連合（AU）や国連がそれを側面支援する形となった。これは、南スーダンの紛争当事者が、IGADの調停を、最も素直に受け入れたことが背景にある。そのため、この時期の交渉は、IGADの議長国であるエチオピアの首都アジスアベバで開催された。

このときIGADは、マチャール派以外にも反政府勢力があることは理解しつつ、最大の紛争当事者である、キール大統領とマチャール元副大統領の間で和平合意が成立しなければ、平和の回復は見込めないとして、この二派による「和平交渉」を継続的に行った。二〇一四年初頭から二〇一五年八月の和平合意まで、一〇回以上、「和平交渉」が行われては物別れになり、また交渉を行っては物別れの状況が続いた。

それでもIGADは粘り強く交渉を行い、米国なども圧力をかけた結果、二〇一五年八月、ついに、キール大統領とマチャール氏は、和平合意案に同意し、署名した。しかしキール大統領は、その内容に大きな不満を持っていた。実際に和平合意にサインする式典において、キール大統領は涙を流しながら、「俺《おれ》は、本当はこんなものにサインはしたくないのだ。(周辺国の)圧力で仕方なくするのだ」と話していたと、実際に式典に立ち会っていた国連幹部から聞いた。そしてキール派の幹部に聞くとみな声をあわせて、「あの合意は、無理やり押し付けられたもので、キール大統領はまったく支持していなかった」と口を揃えた。

二〇一五年和平合意

その二〇一五年八月の和平合意の骨格は何か。一言でいえば、典型的な権力分有による、国民統一暫定政府の樹立であった。その主な内容は、

①マチャール氏が政府に復帰、キール大統領、マチャール第一副大統領がトップを務める。
②三〇人の閣僚による暫定内閣を新たに設置。キール大統領が一六人、マチャール第一副大統領が一〇人を指名。残りの四人は、その他のグループが指名する。
③ジュバの中心地から二五キロメートル圏内は非武装地帯とし、軍事衝突が行われないようにする。

というものであった。さらに、この暫定政府の設置の後、三年後に大統領選挙など国政選挙を行うとされていた。

躊躇するマチャール氏

この「二〇一五年和平合意」は、マチャール副大統領にかなり有利な内容だという見方が多かった。キール大統領が強い不満を持っていた最大の理由もそこにある。しかし二〇一五年八月の合意の後、マチャール氏はジュバに戻り、暫定内閣を樹立することに躊躇《ちゅうちょ》しつづけた。その理由は、自らの安全が確保できない以上、ジュバには戻れないというものだった。

そして二〇一五年合意は、ジュバの非武装化を求めていたが、マチャール氏は自らの警護隊を連れて行かなければジュバに戻れないと主張しつづけた。またキール大統領派も本音では軍隊を手放したくなかった。双方の代表が交渉を続け、マチャール側が約一三〇〇人、キール大統領側が約三〇〇〇人の警護隊をジュバで維持することで折り合った。

折り合ったはいいものの、結局、双方の軍隊がジュバに併存することになり、「また戦闘が再開してしまうのではないか」という懸念が生まれた。それでも、二〇一六年四月末、マチャール氏はジュバに戻り、第一副大統領に復職。三〇人の閣僚による暫定内閣も発足し、これでなんとか、南スーダンは平和な国へと歩みを始めるのではないかという期待が高まった。

再び内戦勃発

しかしその国際社会の期待は、すぐに裏切られることになる。マチャール氏が政府に戻った後、ジュバ各地で、キール大統領派の軍隊(政府軍)とマチャール第一副大統領派の軍隊で小競り合いが続くようになった。二〇一六年七月八日、小競り合いのうちに事態を収めようと、キール大統領がマチャール副大統領を大統領府に招き、会談を始めた。その間に、双方の警護隊がもみ合いになったのである。

このときの詳しい状況について、のちに私は、反政府側の国会議員の一人、パスクア・バタリ氏から直接聞く機会があった。彼の話によれば、このときマチャール副大統領の警護隊は、ジュバ市内で警戒線が次々と作られるのを見て、「マチャール氏が逮捕されるのではないか」と危機感を抱いた。そしてキール大統領の警護隊に対し、マチャール氏を保護するために大統領府のなかに入れろと要求。これをキール側の警護隊は拒否した。しばらく言い合いが続いた後、マチャール氏の警護隊の一人が、キール大統領の警護隊長に向け銃を一発撃った。これをきっかけに、双方の警護隊は、大統領府において銃撃戦に突入した。

キール大統領は、銃撃戦が始まった後、国連や在南スーダン米国大使館からもマチャール氏を無事に帰宅させるよう要請を受け、マチャール氏に警護をつけて家に送り届けた。しかしその二日後、キール大統領派の南スーダン政府軍は、マチャール氏の警護隊の駐屯地に対して、ヘリコプターなども使って一斉攻撃を開始。市内全域が戦闘状態となり、三〇〇人以上の死者が出た。この攻撃で、マチャール氏とその部隊はジュバから撤退。二〇一五年和平合意は、暫定政府が発足してわずか二か月あまりで崩壊した。

不信ではなく憎悪

私はこの二〇一六年七月の内戦再発の直後、エチオピアとケニアで調査を開始した。エチオピアでは、ハイレ・メンケリオス国連AU担当特使や、ニコラス・ヘイソン国連スーダ

写真3－2　モーガン駐エチオピア南スーダン大使（2018年3月9日）

写真3－3　アドワック元高等教育担当大臣（2018年3月14日）

ン・南スーダン特使を始め、ＩＧＡＤ、ＡＵなどで実際の調停を担当している幹部、米国、ＥＵなど主要支援国の担当官に話を聞いた。また南スーダン政府を代表して、ジェームス・モーガン駐エチオピア南スーダン大使（ＡＵ大使を兼務）に長時間インタビューした（写真３－２）。またケニアでは、マチャール第一副大統領の側近であり、二〇一六年七月の衝突の後、マチャール氏が解任されると同時に罷免《ひめん》されたピーター・アドワック元高等教育担当大臣に数時間インタビューした（写真３－３）。またアドワック氏の案内で、反体制派の集会に参加し、その他の幹部一〇人程度にインタビューして回った。

　キール大統領派であるモーガン大使と、マチャール氏の側近アドワック元大臣の話は、真っ向から対立していた。モーガン大使は、「マチャール副大統領は、一九九一年にエチオピアで労働者党政権が倒れ、SPLAへの支援がなくなって一番困窮したときに、SPLAを辞めて独立しようとした人間です。その後SPLAに戻ったが、南スーダン人は、彼の行動を忘れてはいない。だから二〇一八年に予定されている大統領選挙でも、マチャール氏が勝てる見込みはまったくなかった。だからマチャール氏は、(二〇一六年)七月八日にクーデターを起こして政権を奪取しようとしたのです」。

その上でモーガン大使はこう断じた。「すでにキール大統領は、マチャール氏の代わりに、ヌエル族であるタバン・デン・ガイ資源担当大臣を第一副大統領に任命した。マチャール氏がいなくても何の問題もない。マチャール氏は、南スーダンの平和の最大の障害です」。

他方、マチャール氏の側近、アドワック元大臣はこう反論した。「七月八日、キール大統領は、最初からマチャール氏を暗殺しようとして、大統領府に呼んだのです。その日は、米国大使館の介入などもあって諦めたが、七月一〇日にマチャール氏の駐屯地に総攻撃をかけ、殺害しようとしたのは紛れもない事実」と強く訴えた。

二〇一六年八月一八日から二〇日、ケニアの首都ナイロビ郊外のホテルで、マチャール副大統領派で、同じくキール大統領に罷免されたビチョック元石油担当大臣や、アドワック元高等教育大臣を中心とする、反キール派の集会が開催された。会合には、ヌエル族だけでなく、多くの少数部族、一部のディンカ族の国会議員など約六〇人が参加。私も視察させてもらった。会合の最終日、「さまざまな部族が力をあわせ、キール政権の打倒を目指す」目標が採択され、政治的にも軍事的にも攻勢を強めていくことが決定された。会合の後、アドワック元大臣に、軍事的な手段も含めて政権打倒を目指すのかと聞くと、「すでに我々は、キール政権から攻撃を受けているのです。軍事的にもやり返すしかない。この政権の下、人々は家を追われ、飢えに苦しんでいる。政権打倒は十分可能だと考えています」。

こうした話を聞いて、私は、AUで長年南スーダンの調停に関わっている人物が語っていたことを思い出した。「キール派とマチャール派の関係は、すでに不信の関係ではない。憎悪の関係です。お互いに憎しみあっているのです」。

拡大する内戦

半年後の二〇一七年二月、私は、ナイロビにあるPKOセンターに講師として赴く機会があり、ナイロビでアドワック元大臣に再び会うと意外な言葉が返ってきた。「私は、マチャール氏にあきれている。彼は、亡命先のスーダンから「全ての南スーダン人よ、武器を取って立ち上がれ」とインターネットで声明を出すなどして、IGAD関係国を怒らせてしまった。このような稚拙《ちせつ》なやり方を続ければ、とても反政府武装勢力をまとめることはできない」。

このころからアドワック元大臣は、マチャール氏と袂を分かちはじめていた。反政府側の勢力がこれで弱まるのかと聞くとアドワック元大臣は「マチャール氏の求心力が下がっても、南スーダンの北部や南部などで、いろいろな部族や集団が立ち上がり、キール政権と戦いはじめている。それは必ずしも悪いことではなく、自分たちの安全は自分たちで守るという自覚を生んでいる」と話した。

実際、二〇一六年八月以降再開された南スーダン内戦は、全土に拡大した。マチャール派だけでなく、数多くの反政府武装勢力が出現し、各地で戦闘を行い、何千頭という牛や、それを養う水場、油田など、資源の奪い合いが始まったのだ。

軍事紛争が拡大したことで、一般の市民は安全な場所を探して、家を捨て、逃れはじめた。その後二〇一八年九月の和平合意までに、二〇〇万人が国外に逃れて難民となり、二二〇万人が国内避難民となった。私が二〇一八年三月に再度、エチオピア、ウガンダ、ケニアで調査を行ったとき、南スーダンの現状をモニタリング（監視）しているある国の武官がこう語った。「もう南スーダン南部には、民間人はいなくなったと聞きました。みな逃げてしまったのです」。

ウガンダには、毎日一〇〇人から三〇〇人の難民が押し寄せ、全部で一〇〇万人を超える

写真3-4　南スーダンから逃れてきた人たち（ウガンダ・アルアの難民キャンプ，2018年3月12日）

南スーダン難民を受け入れることになった。私はウガンダ最大の難民キャンプの一つ、アルアを訪問した（写真3-4）。どこまでも続くと思われる難民キャンプの大きさに息をのむ思いだった。南スーダンが、アフリカ最大の難民国家となり、破綻状態になっていることを実感した。

幅広い参加で始まった再活性化交渉

破綻状態に陥った南スーダンから、何十万人単位の難民が押し寄せたのは、ウガンダだけでなく、周辺国であるケニアやエチオピア、スーダンも同じであった。南スーダンに平和と安定を築くことは、IGADなど周辺国にとっても死活問題になった。二〇一七年一二月、IGADが主導し、南スーダン和平合意再活性化交渉が開始された。

このとき、南スーダンのなかには、キール大統領派（南スーダン政府）とマチャール派（SPLA-IOと呼ばれる）に加えて、多くの反政府武装勢力が乱立していた。IGADは、

写真3－5　ワイスIGAD南スーダン特使（2019年2月26日）

前回の二〇一五年和平合意が、キール大統領派とマチャール副大統領派だけの合意だったことへの批判があったことから、今回は、より包摂的（Inclusive）な「和平交渉」を行うことを目指した。その中心人物が、この再活性化交渉のためにIGADの南スーダン特使に任命されたイスマイル・ワイス特使である（写真3－5）。私は、ワイス特使が二〇一八年一一月に日本に来たときに上智大学で講演会を開催したり、現地でも長時間面会したりするなどして、その交渉の経緯を詳しく聞くことができた。物静かな、内に闘志を秘めたタイプのワイス氏は、ジブチ出身。IGAD首脳から任命された特使だが、その誠実な仲介は、国連内部でも極めて評判が高い人物である。

当初、ワイス特使は、二〇近い南スーダンのグループに個別に会い、「和平交渉」を再開する重要性について話し合いを重ね、ついに二〇一七年一二月、そうしたグループを一堂に集めることに成功。和平合意を再び目指すという狙いがこめられた「和平合意再活性化交渉」が開始された。今回は、軍事力を持つグループだけでなく、市民団体の代表や、女性団体の代表なども招き、まさに包摂的な形で「和平交渉」を開始した。このように、南スーダンの幅広い人々を代表する枠組み作りに成功したこと自体は、大きな成果だった。

不信の連鎖と合意後の懸念

しかし、実際にエチオピアのアジスアベバで再開された「和平交渉」は、なかなか進展を見せなかった。二〇一八年三月にアジスアベバを再び訪れ、モーガン南スーダン大使に再度、長時間インタビューした。彼は苦渋に満ちた表情で話した。

「私たち政権側は、幅広い人たちが参加できる包摂的な政府を作る形で合意しようと、努力しています。しかし、マチャール派や、その他の反政府武装勢力は、キール大統領の退陣や、連邦制の導入など、すぐには実現不可能な要求を持ち出して、合意に向けた誠意を見せません」

さらにモーガン大使は、「反政府側に合意する気があるのか、疑心を持たざるを得ません。結局彼らは、総選挙になれば負けるとわかっている。マチャール氏に人気がないのは前回話したとおりです。だから彼らは、交渉で我々を排除しようとしているのです」と続けた。

一方、マチャール派以外の反政府武装勢力は、なるべく一つにまとまることで、交渉力を高めようとしていた。そしてできたのが、約一〇の反政府武装勢力が連携した南スーダン反政府連合（ＳＳＯＡ：South Sudan Opposition Alliance）である。二〇一八年三月、このＳＳＯＡの代表格だったトーマス・セシロ将軍に会うことができた（写真３－６）。二〇一七年初頭まで南スーダン政府軍の兵站《へいたん》担当の副参謀長という要職を務めていたが、キール政権を見限り、反政府武装活動を始めたセシロ将軍は、端正な顔で流暢《りゅうちょう》な英語を話した。

セシロ将軍はディンカ族でもヌエル族でもなく、南部エクトリアの出身である。南スーダン政府の中央集権的な統治の方法に根本的な欠陥があるとして、連邦制の導入を強く求めていた。「我々は、今の南スーダン政府の統治方法を根本から変えないかぎり、何度和平合意をしてもまた内戦に戻ってしまうと考えています。南スーダンは、もともと、地方の部族が主体性をもって統治してきた地域です。連邦制を導入しないかぎり、南スーダンに平和は来ないと確信しています。しかし南スーダン政府は、これまでのあり方にこだわり、まったく妥協する気配がありません」。

写真３－６　セシロ将軍（2018年３月９日）

私は、なぜ南スーダン政府は妥協しないのかをセシロ将軍に聞いた。すると彼はこう答えた。「南スーダンを、ここまで破綻国家に追いやったのはキール政権です。だから総選挙になれば、キール側が負けることははっきりしている。そして選挙に負けて権力を失えば、石油収入など、これまで得ていた経済的な利益も失います。そして最後には、これまでの戦争犯罪行為によって裁かれる可能性もあります。つまり政治権限も失い、経済的な収入も絶たれ、司法でも裁かれ、全てを失ってしまうかもしれないと、彼らは恐れている。だから妥協できないのです」。

彼の話は、モーガン大使の話と表裏一体をなすものであった。つまり、双方ともに、「相手は交渉で合意すれば、その後の実施過程で全てを失うと考えている。だから合意できない」と主張する。まさに不信の連鎖と、合意後の懸念が、和平合意を困難にしているのだ。ステッドマン理論が目の前で具現化されているように思えた。

ヘイソン国連特使の分析

こうした交渉の状況について、二〇一八年当時、国連の側から両者の信頼醸成のために努力していたヘイソン国連スーダン・南スーダン特使は私にこう話した。「まずは戦闘を終結させる和平合意を結ぶことが重要だと思います。そのためには、①軍の改革をどうするか、②暫定政府のパワーシェアリング（権力分有）をどうするか、③統治の方法をどうするか、について合意する必要があります。その上で私は、双方に対し、③の統治の方法について、この再活性化交渉で完全に合意するのは難しいと話しています。連邦制導入などで完全に合意しようとすると何年もかかり、合意自体が難しくなる。だから③の統治の問題については、まず和平合意と停戦を実現し、暫定政府が樹立された後、数年かけて議論することを合意文書に盛り込むことが現実的と話しています」。

そしてより一般的な紛争下の「和平交渉」の包摂性の問題について以下のように話した。「一つの考え方は、「停戦合意までは、武力を持つ紛争当事者による合意を目指す。停戦合意をした後は、より幅広いグループが参加して、包括的な和平合意を目指す」ということです。これが今までの私の経験則です」。

南アフリカ出身で、アパルトヘイト後の和解プロセスで活躍、南北スーダン「和平交渉」にも携わり、国連アフガン特使なども務めたヘイソン氏の重要な示唆であろう。

再びキール氏とマチャール氏の交渉へ

しかし、二〇一八年五月までに、南スーダンを巡る交渉は完全に暗礁《あんしょう》に乗り上げた。関係者によれば、アジスアベバのホテルで、二〇もの団体が一堂に会し、それぞれが意見を述べあうものの、言いっぱなしで終わってしまうばかりで、まったく進展が見られなかった。他方で、戦闘は続き、難民の数は拡大する一方である。これを見てIGAD各国の大統領や首相たちは、「やはり、まずはキール大統領とマチャール元副大統領で話をし、手打ちさせるしかない」と意見が一致した。

これを受け、エチオピアのアビィ首相が、二〇一八年六月二〇日、キール大統領と、南アフリカにいたマチャール氏をアジスアベバに招き会談を行った。しかしこの会談は失敗に終わる。後に話を聞いたデービッド・コン在エチオピア南スーダン次席大使によると、キール大統領はこの席上、「私は、マチャール氏と何度も和平合意したが、常に裏切られてきた。たとえ暫定政権でも、もう一緒にやれない」と話し、物別れに終わった。

この様子を見てエチオピアのアビィ首相は、ここでIGADの議長国としてのメンツにこだわることはせず、スーダンのバシール大統領（当時）に仲介を依頼することを決めた。「あなたは、長年マチャール氏を支援してきた。またキール大統領のこともよく知っている。あなたならなんとかできるのではないか」とアビィ首相は語ったという。バシール大統領も躊躇なく、仲介役を受け入れた。

スーダンの仲介戦略

バシール大統領が仲介役を引き受けた背景には、スーダンの経済的苦境があった。南スーダンが独立するまで、スーダンはアフリカでも有数の石油生産国家だったが、その油田の多くが南スーダン領内にあった。南スーダンの独立を認めたことは、その膨大な収入の多くを失うことを意味した。米国エネルギー情報局によれば、二〇一〇年、約一兆一〇〇〇億円あったスーダンの石油輸出収入は、二〇一二年には約一八〇〇億円と、六分の一程度に大幅に減少した。

それでも、南スーダンの石油が全てスーダンにパイプラインで運ばれて、そこから輸出されるため、このパイプライン収入が、南スーダン独立後のスーダンにとって重要な収入源であった。一説では、南スーダンはスーダンに対し、パイプライン通過料や石油の精製料として一バレルあたり二六ドルを支払っているとされる。

しかし、このパイプライン収入も、二〇一六年の内戦再燃で南スーダンの石油生産がストップし、まったくのゼロになった。これがスーダンの経済的苦境にさらに拍車をかけることになる。バシール大統領としては、南スーダンの平和と安定を取り戻すことで、なんとかスーダンの経済危機を克服したいという思いがあった。また、国際刑事裁判所から、二〇〇三年スーダン西部で発生したダルフール紛争への対応で刑事訴追されていたバシール大統領としては、「自分は平和を作る指導者でもある」と国際社会に知ってほしいという思いもあったと、ＩＧＡＤの幹部は話した。

そしてバシール政権が、マチャール派を支援してきたことは公然の事実であった。その背景には、独立に突き進んだキール大統領との確執がある。しかし二〇一七年以降、米国がスーダンに対する経済制裁を緩和する条件として、スーダン政府のマチャール派への軍事的・財政的支援をストップするように求めた。スーダン政府がそれを受け入れたため、次第にマチャール派は、財政的にも軍事的にも厳しい状況に陥っていた。マチャール氏が、バシール大統領からの「ハルツーム（スーダン首都）で集中的な交渉を行うので参加してほしい」という呼びかけに応じた背景には、こうした自らの勢力の弱体化があった。

他方バシール大統領は、キール大統領をハルツームに呼ぶために、ウガンダのムセベニ大統領に、一緒に調停をやろうと声をかけた。その理由は、ムセベニ大統領が、これまでキール大統領を一貫して支持して、支援してきたからである。経済成長が著しいウガンダ経済にとって、南スーダンは格好の市場でもあった（実際南スーダンで走る車のほとんどは、ウガンダから輸入されていると言われている）。それもあって、ウガンダ政府は一〇〇万人を超える南スーダン難民も受け入れてきた。

しかしそのムセベニ大統領にとっても、南スーダンの破綻ぶりは限界を超えつつあった。ムセベニ大統領は、バシール大統領の呼びかけに賛同し、キール大統領を説得、ハルツームにおける「和平交渉」に参加した。こうして、バシール大統領↓マチャール氏、ムセベニ大統領↓キール大統領という図式で、紛争当事者に巨大な影響力を保持する周辺国の二人が、仲介に乗り出したのである。これが決定的な意味を持つことになる。

二者の基本合意、そして包括合意へ

バシール大統領とムセベニ大統領が本格的に説得に乗り出すなか、二〇一八年六月末からハルツームで断続的に開かれた「和平交渉」で、キール大統領派とマチャール派は、権力分有と治安部門改革を主な争点に、集中的な協議を続けた。その結果、両者の間でまず基本合意が成立した。その内容は、第1章で述べたように、①政府側と反政府側を含め、全ての軍を一体化する、②キール大統領とマチャール第一副大統領、四人の副大統領、三五人の閣僚による暫定政府を樹立。その配分は、キール大統領が二〇人を指名、マチャール副大統領が九人を指名、「反政府連合」など、その他のグループからあわせて六人を指名。また国会議員の定数も大幅に増やして、反政府側の議員を増やすなど、大盤振る舞い的な権力分有であったが、これで、両者はまず合意した。

この基本合意を基に、他の「南スーダン反政府連合」など、当初「再活性化交渉」に招いていた多くの勢力にも協力を呼びかけた。「反政府連合」の一部は、こうしたプロセスに「自分たちを外した排除的なプロセスだ」と激しく反発した。そのなかで最も尖鋭《せんえい》だったのは、私がインタビューしたセシロ将軍だった（その後セシロ将軍は、和平合意に反対して武力闘争に戻る唯一の指導者となる)。

しかし他の「南スーダン反政府連合」や、市民グループなどは、周辺国やIGADの説得もあり、最終的には、微調整を行いつつ、キール大統領とマチャール氏による基本合意を受け入れた。こうして二〇一八年九月一二日、セシロ将軍などごく一部の勢力を除いた南スーダン各派は合意文書にサインし、「二〇一八年包括和平合意」が締結された。

交渉経過をどう見るか

このように、南スーダン和平合意再活性化交渉は、紆余曲折を経ながら、二〇一八年九月にもう一度和平合意を見た。それが履行されるかどうかは、まったく予断を許さない。だが、この合意を前後に南スーダンの治安は劇的に改善され、政府軍と反政府軍による戦闘はほぼなくなったことが、停戦監視を行っている国際組織によって確認されている。その意味で一定の成果をあげたことは間違いない。

しかし他方で、これまで南スーダンの国づくり支援に熱心だった米国や英国、ノルウェー、EUなどは、このハルツームを舞台とした和平プロセスを、「包摂性がないものだった」と批判した。それが、この二〇一八年和平合意を、欧米諸国があまり支援していない一つの理由づけとなっている。もう一つの大きな理由は、キール大統領とマチャール第一副大統領では、また内戦が再燃するという懸念である。

しかし私は前章でも述べたように、紛争下の「和平交渉」の段階と、和平合意後の「平和構築」の実施段階の包摂性は、分けて考える必要があると思っている。まず私は、ワイスIGAD特使の努力によって、二〇ものグループが何度も集まり、協議を行ったことは無駄ではなかったと考える。一度は、多くのグループが集まり、それぞれの意見を述べる機会を得たこと自体、重要なプロセスだった。

その上で、和平合意がとても覚束《おぼつか》ないと、紛争当事者自らが認識した上で、（必ずしも納得はしていなくても）まずは最大勢力であるキール大統領とマチャール氏の間で集中的な協議がなされ、その基本合意のあと、また多くのグループとも協議が行われて合意に至ったこと自体は、そのプロセスを理由に否定されるものではない。「和平交渉」の現場で、柔軟性を必要とする場合が多いのは、人間社会の多くの意思決定の場合がそうであるように、受け入れざるを得ない面があると考えている。

南スーダンの課題は、はたしてこの紆余曲折を経て合意された二〇一八年和平合意が、今度こそ実施され、特定のグループを排除することなく、幅広い勢力が参加する形で平和づくりが行われるかどうかであろう。

和平合意実施への課題

では、この「二〇一八年和平合意」は、「二〇一五年和平合意」と何が違うのか。私が二〇一九年三月に南スーダン内部で現地調査した際、南スーダン政府の閣僚はみな、「今回は押し付けではなかった。キール大統領とマチャール氏は膝《ひざ》をつきあわせ一言一句を調整し合意した。だからキール大統領は今回の合意を強く支持し、本気で実施する意欲がある。もう一つは軍の統合である。軍が分かれたまま駐屯すれば衝突することは、二〇一六年の経験から明らかである。軍の統合を目指すことも、大きな違いだ」と主張した。

しかし第1章でも述べたように、治安は改善されているものの、軍の一体化など和平合意の実施が遅れていることは紛れもない事実である。

それでも二〇一五年合意との違いがあるとすれば、周辺国で最も紛争当事者に影響があるスーダンとウガンダが、今回は本気かもしれないということである。交渉をリードした二つの国は、今回はそのプライドをかけて和平合意の実施を求める可能性が高い。特にスーダンは、和平合意後すぐに南スーダンの石油採掘の再開に向け技術者を送り込み、二〇一九年以降、一日一七万バレルほど石油生産が可能になった。これを、早急に日産五〇万バレルまで持っていきたいと南スーダン政府は考えている。

また南スーダンの「和平交渉」を調査し実感するのは、そこにイデオロギー的な違いがほとんどないということである。基本的には石油やその他の資源などを巡る権力闘争であり、将来的に選挙を通じて政権を選択することなど、民主的な統治を目指すことについて大きな意見の違いは見られない。問題は、武力ではなく、平和的な方法で権力を巡る競争を行うことが、南スーダンで可能なのかということであろう。

真の国民和解に向けて

その問題を考える上で、南スーダン紛争が、本質的に政治家個人の権力闘争なのか、部族間の戦いなのかというのも本質的な問いである。これについて、二〇一九年三月に、岡田誠司南スーダン大使の招待で、大使公邸で食事をともにしたトット高等教育担当大臣に聞くと、同席したジュバ大学のアロップ・デング教授とともにこう語った。「ディンカ族とヌエル族の戦いというのは、政治家が作り上げた幻想です。例えば私はヌエル族で、彼は（横のデング教授を指し）ディンカ族です。でも我々は一番の仲良しで、今日もこうして連れてきました。私たちはずっとこの地で共存してきたのです」（写真3－7）。

デング教授もそれに続いて「ディンカ族とヌエル族の対立を煽《あお》ったのは、他の部族やグループを攻撃することで、自らの出身母体からの支持を集めようとする政治家の戦略によるものです。南スーダンの最大の課題は、こうした排外主義をどう克服できるかなのです」。

写真3－7　右からデング・ジュバ大学教授，岡田南スーダン大使，トット高等教育担当大臣，著者（2019年2月28日）

自らが属するグループ以外の存在を排撃することで、自らのアイデンティティーに属するグループから支持を集めようとする手法は、今、世界的に見られる風潮である。その典型的な状態が、南スーダンにも起きているように思えた。文化人類学者として長く南スーダンを研究している大阪大学の栗本英世教授が主張する「権力闘争が民族対立に転化され、民族対立がまた権力闘争を助長する」という循環的なアイデンティティー・ポリティックスである。

二〇一九年三月の南スーダン現地調査を締め括るにあたり、ジュバ最大のシンクタンクであるエボニ戦略研究所のルーラル・デング所長に面会した。南スーダン各地で一般住民との対話を重ねているデング所長は、マチャール氏が第一副大統領に復帰した後、キール大統領とマチャール氏がともに参加し、それぞれの郡から代表者が三人ずつジュバに集まって、国民大会議を開催するプランも情熱的に話してくれた。そして「国民の声を聴かなければ、この国はきっとまた破綻します。今は平和に向けて国づくりを再開できるか、正念場なのです」と語った。

南スーダンはまさに今、分岐点にある。この国の平和づくりのために、日本は何ができるのか。それは第6章で述べることにしたい。

2　アフガニスタン和平プロセス——一〇年以上の試行錯誤を経て

一九六〇年代までは、平和でのどかな国だったアフガニスタンは、世界中からバックパッカーが集う国だった。しかし一九七九年、当時のソ連がアフガンに侵攻して以来、基本的には軍事紛争が続いている。そして二〇一〇年以降、この長い内戦を終わらせるための「和平交渉」が断続的に続けられているが、ここでも、この章のテーマである「交渉のテーブルにつくべきは誰か」を巡って合意できない状況が続き、一〇年近い歳月が無駄に過ぎてしまった苦い経験を持つ。まさに包摂性の問題が、和平プロセスの大きな鍵となっているもう一つのケースを検証したい。

九・一一とアフガニスタン内戦再発

一九七九年にソ連が侵攻したことを受け、アフガニスタンの独立を守るためと、「ジハード（聖戦）の兵士」を自称するアラブの人たちが世界各地からアフガンに集結した。これらの組織を米国、特に中央情報局（CIA）が陰《いん》に陽《よう》に支援した。一〇年に及ぶ泥沼の軍事介入の後、ソ連は一九八九年にアフガンから撤退した。

その後、誰がアフガン政府の実権を握るかを巡り、ソ連と戦っていた各勢力の間で内戦が勃発。一九九三年ごろまで、数百万人の難民が隣国のパキスタンやイランに逃れる事態となる。一九九四年ごろから、パキスタンの難民キャンプで学んでいた学生たちを中心とする「タリバン」という組織が結成され、アフガン内部に進出した。パキスタンに支援されたタリバンは、地元の伝統的な有力者との関係を大事にし、急速に支配地域を広げた。一九九〇年代終わりには、アフガンのほぼ九〇パーセントを実効支配するに至る。

中央アジアに位置するアフガニスタンは、多民族国家である。パシュトーン人が約四割、タジク人が約二割、ウズベク人やハザラ人が約一割ずつと言われ、他にも多くの民族が混在する。国民のほぼ全員がイスラム教徒であり、宗派については、ハザラ人がシーア派で、残りはほぼ、スンニ派の人たちである。

【アフガニスタン関連略年表】

2001	９・11事件．米軍のアフガン攻撃 ボン会議でカルザイ暫定大統領選出
2004	大統領選挙でカルザイ氏選出
2005	この頃よりタリバンが急速に領土回復
2009	大統領選挙でカルザイ氏再選
2010	「アフガン平和と再統合プログラム」・最高和平評議会発足（タリバンとの対話開始）
2012	タリバン，カタールに事務所設立
2013	タリバンとアフガン政府交渉，すぐ頓挫
2014	大統領選挙でガーニ氏選出
2015	タリバンとアフガン政府交渉，２週間後頓挫
2018	カタールでタリバンと米政府の交渉開始
2019	タリバンと米政府，９回にわたる交渉の末，中断 大統領選挙実施，交渉再開

タリバンは、南部や東部のパシュトーン人地域を母体とする組織である。また、最後までタリバンに抵抗していたのは、タジク人やウズベク人、ハザラ人など北部にいる人たちを中心とした「北部同盟」といわれる軍事同盟であった。タリバンがアフガン全土の九〇パーセントを支配していた時期は、比較的その地域の治安はよかったと言われる。タリバンは、汚職や犯罪などに対して極めて厳しい姿勢を持ち、自転車を盗んだだけでも、手を切って処罰するなど厳しい統治を行った。また女性の就業などを基本的に認めなかったため、国際的には批判が集まり、当時タリバンを政府として承認したのは、パキスタン、サウジアラビア、アラブ首長国連邦の三か国に留《とど》まった。

アフガニスタンを巡る情勢が一変したのは、二〇〇一年九月一一日の米国に対する同時多発攻撃であった。米国は、この事件の実行グループを、国際テロ組織アルカイダと断定。アルカイダが当時基地を保持していたアフガンを、「テロ組織をかくまっている国家」だとして攻撃を開始した。

米国の激しい攻撃で、タリバンはアフガンから撤退し、その幹部の多くは、タリバン発祥の地であるパキスタンに逃れた。一方、北部同盟は米軍の攻撃にあわせて首都カブールに侵攻し、首都を制圧。二〇〇一年一二月、アフガンのその後の国づくりのあり方を決める国際会議がドイツのボンで開催され、いわゆる「ボン合意」が成立した。そして、初代の暫定大統領として、パシュトーン人で亡命者だったハミード・カルザイ氏が選出された。

二〇〇三年には、アフガニスタンの伝統的な意思決定会議である国民大会議（ロヤジルガ）で新憲法が採択され、二〇〇四年には、初の大統領選挙で、カルザイ氏が正式な大統領に選ばれた。このころまでは、アフガニスタンは新国家建設を通じて持続的な平和を順調に築いていけるという楽観的な見通しが多かった。事実、二〇〇二年から二〇〇四年中ごろまでは、カブールも含め、アフガン全土の治安情勢は極めてよかったのである（当時の国連職員は、カブールでは自転車で通勤し、カブールから南部のカンダハールまで車で移動することも問題なかった）。

しかし、タリバンを完全に排除した形で進められたアフガンの国家建設は、タリバンが二

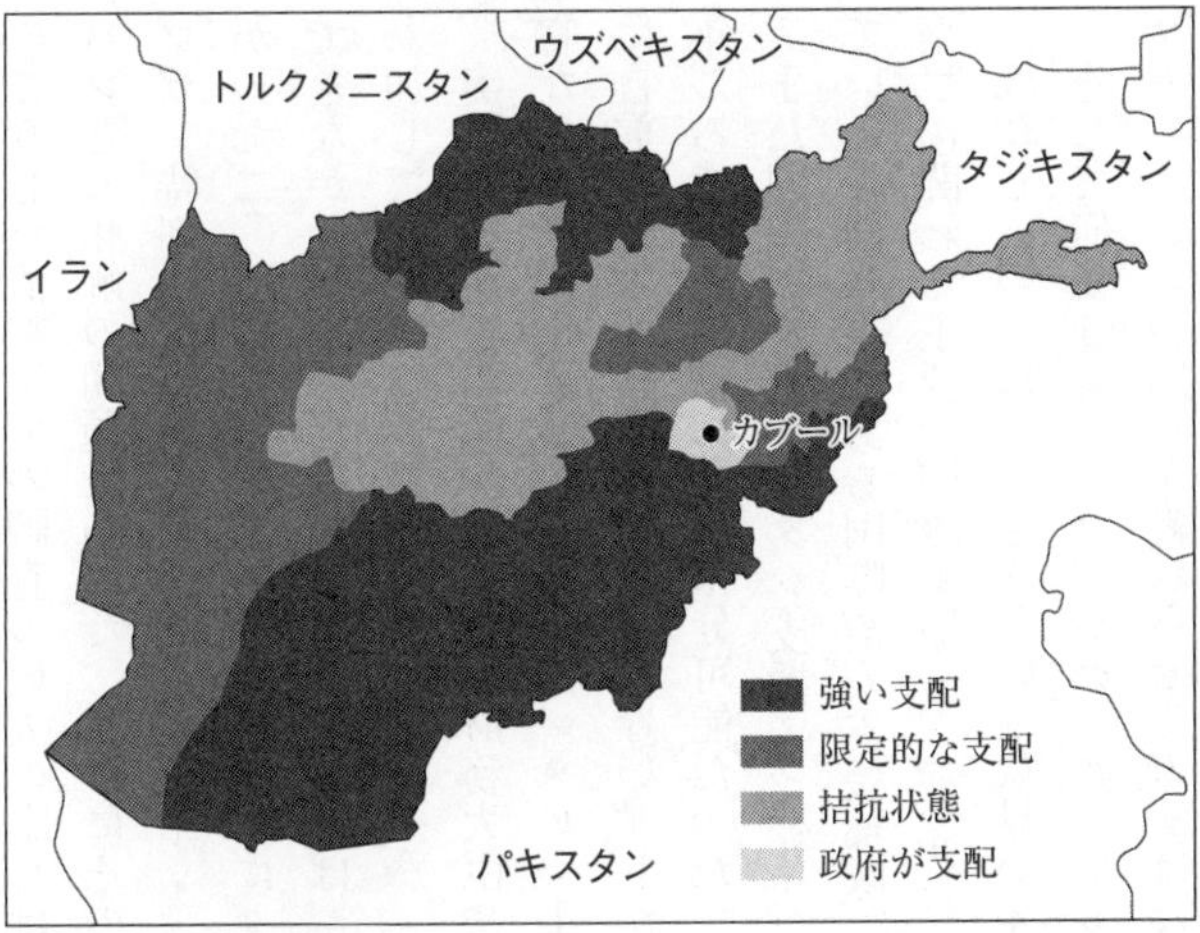

図3－1　アフガニスタンにおける2010年12月当時のタリバン勢力図
出所：AFPより作成.

〇〇五年ごろから軍事的に巻き返し、治安情勢は悪化の一途を辿るようになる。わずか数年の平穏期を経て、アフガニスタンは再び内戦に戻ってしまったのである。

二〇〇八年の調査と和解への支持

私が二〇〇八年に、計三か月間アフガニスタンで現地調査を行った際、すでに、アフガンの領土の七割近くは、タリバンが実効支配していると国連は推定していた（ただ、タリバンは地方での支配地域が大きく、アフガン政府が州の中心都市を抑えていたため、人口でいうとタリバンが約三割、政府が約七割を実効支配しているとのことだった）。

こうした情勢下での調査の最大の眼目は、アフガン平和構築における包摂性であり、タリバンとの和解の問題であった。すでにそのころには、二〇〇一年から二〇〇四年まで国連アフガン特別代表を務めていたラクダル・ブラヒミ氏が、「私の最大の失敗は、まだ治安がよかった二〇〇二年から二〇〇三年ごろにタリバンに対して対話を呼びかけ、和解する努力ができなかったことだ。あのころであれば、タリバンの大多数が和解に応じ、新国家づくりに参加していただろう」と述べていた。

実際に私が、当時のアハディ財務大臣やジア農村復興開発大臣、ポパル独立地方行政庁長官などアフガン政府の要人にインタビューすると、彼らは異口同音に「今はタリバンも戦力に自信を持ち、和解は簡単ではない。しかしタリバンが弱体だった二〇〇二年から二〇〇三年ごろであれば、和解は十分可能だった」と話した。

また国連アフガニスタン支援ミッション（UNAMA）の幹部や、アフガンの治安を担っていた多国籍軍である国際治安支援部隊（ISAF）の文民代表など、アフガンの「平和構築」に関わる主要な国際組織も、「タリバンと和解しないと、アフガンの平和の回復は現実には難しいのではないか」という意見が多数派であった。

そして何よりも、アフガンの一般の人々の圧倒的な多数が、「タリバンとの和解しか、アフガニスタンの内戦を終わらせる方法はない」と確信していた。私が実施した、アフガンの三か所（南部のカンダハール州〔パシュトーン人〕、中部のワーダック州〔パシュトーン人〕、同じく中部のキャピサ州〔タジク人〕）で合計二六〇人に対するアンケート調査（選択式）によれば、パシュトーン人の約九〇パーセント、タジク人の約八六パーセントが、「アフガニスタンの平和のために最も重要なのはタリバンとの和解」と答えた。また「カルザイ政権とタリバンの連立内閣を支持するか？」という質問に対しても、パシュトーン人の約九八パーセント、タジク人の約六九パーセントが、「支持する」と答えた。私自身も通訳とともにアンケート調査に加わり、村人約二〇人の意見を直接聞いたが、圧倒的に多くのアフガン人が和解を望んでいることを聞いて、驚く思いであった。そこには、三〇年以上の戦争を経て、「軍事的手段ではアフガン紛争は解決できない」というアフガンの人々の深い思いがあるように感じられた。

二〇〇五年の和解プログラムの失敗と教訓

それではなぜ、アフガニスタンの和解への取り組みは、二〇〇二年ごろから始めることができなかったのか。アハディ財務大臣は以下のように答えた。「二〇〇四年ごろまで、アフガンは「平和構築の成功例」とみなされていたのです。だから、敵対組織だったタリバンとあえて和解するなど、政治的に難しいテーマに取り組む必要はないと、誰しも思っていた。

今となればそれが最大の教訓かもしれません」。

実際、長年タリバンを研究し、著書も数多く出版しているフェリックス・コーヘン博士の論文によれば、パキスタン側に逃れていたタリバン指導部は、二〇〇二年一一月に開催された最高幹部会議で、アフガン政府がタリバン指導部を逮捕しない保障が得られれば、アフガン政府と和平に向けた対話を始めると決定した。しかしこの対話に向けたタリバン側からのメッセージを、アフガン政府も米国政府も取り上げなかった。そしてタリバンは、戦闘によるアフガニスタン奪回へと舵《かじ》を切る。結局、アフガン政府がタリバンとの和解への試みを始めたのは、タリバンが息を吹き返し、治安が劇的に悪化しはじめた二〇〇五年からであった。

この二〇〇五年に始まったPTS（「平和を強化するプログラム」の意味）と呼ばれた和解のプログラムは、米軍などが参加しない、アフガン政府独自のプログラムであった。PTSに参加し和解を求めるタリバン幹部やタリバン兵士は、政府に申請書を提出し、審査を経て政府が和解を認めると、そのタリバンメンバーに対し「攻撃や逮捕を行わない」という保障書（手紙）を出すという仕組みになっていた。

しかしこのプログラムは、私が調査を実施した二〇〇八年には、タリバンの浸透が拡大し、アフガン政府の支配領域が大幅に減ったことから、すでに失敗に終わったという評価が定まっていた。私の調査の結果、その理由は主に三つあった。

①米軍や多国籍軍（ISAF）が参加しない和解プログラムだったため、タリバンの幹部がPTSに入り、アフガニスタン政府から安全の保障書をもらった後に、米軍に攻撃されたり逮捕されたりする事例が数多くあり、PTSの信頼が失墜した。

②タリバンから離脱して、政府と和解しても、その後の生活が困難で、またタリバンに戻る兵士が相次いだ。

③タリバン幹部で、国連のタリバン・アルカイダ制裁委員会のリストに入っている人物が、二〇人以上PTSに応じたが、誰も制裁リストから除外されなかった。このことは、タリバン指導部の和解への動機を著しく低下させた。

上の三つに示されるように、PTSは、基本的に降参したタリバン兵士に安全を保障するものにすぎず、米軍など国際部隊も含めて、タリバン指導部との「和平交渉」を目指すものではなかったのである。

国際的な和解への動き

こうした現地調査に基づき、私は二〇〇八年一〇月にまず国連PKO局に「アフガニスタン平和構築における正統性樹立への課題」という英語の報告書を提出した。レポートはPKO局のウェブサイトに掲載され、私もニューヨークの国連PKO局で発表を行った。そのレポートのなかで私は、タリバンとの和解に向け、抜本的に新しい和解プログラムを設置することが必要であるとし、具体的には以下のような提言を行った。

①アフガン政府、国連アフガニスタン支援ミッション（UNAMA）、国際治安支援部隊（ISAF）、米軍（対テロ作戦の部隊を含む）、など全ての主要関係組織が参加する新たな和解委員会を設置する。
②和解に応じた元タリバン兵士に対して生活支援を行うため、全国で職業訓練プログラムを拡大・新設する。その際、一般住民から不満が出ないよう、一般市民にも職業訓練サービスを行う。
③和解に応じたタリバン指導者層は、国連の制裁リストから外すことにし、政府との和解に応じるよう促す。
④アルカイダ等の国際的テロリストグループと関係を断つことができるアフガン出身のタリバン指導部とは対話を進め、政治的解決を目指す。

ＰＫＯ局にレポートを提出した翌月の二〇〇八年一一月、米国の大統領選挙で、イスラム社会との和解を掲げたオバマ氏が当選し、タリバンとの和解が現実味を帯びてくる。半年後、二〇〇九年六月に出版した『平和構築』という日本語の拙著のなかでも、上の提言を行いつつ、「アフガン各層から信頼を得ている日本が、アフガンにおける新たな和解プログラム作りを主導すべきだ」と主張した。その後、超党派の平和構築議員連盟、自民党や民主党の部会などで発表したり、長年私を応援してくれていた当時の緒方貞子ＪＩＣＡ理事長や大島賢三ＪＩＣＡ副理事長（元国連大使）が、外務省の幹部に私の本を推薦してくれて、外務省の局長や大使など多くの関係者に直接説明する機会に恵まれた。

一方、私のレポートを目にした米国のホルブルック・アフガン・パキスタン担当特使の下でナンバー2を務めていたポール・ジョーンズ副特使から「ワシントンに来ることがあれば会いたい」と連絡があり、二〇〇九年九月二日にワシントンで、ジョーンズ副特使と面会。一時間ほどの質疑のあと、和解の提案についてどう思うか聞くとジョーンズ副特使は、「和解のプログラム（Reconciliation）と呼ぶのか、再統合（Reintegration）と呼ぶのか、名称は別として、こうしたプログラムが必要なことは議論の余地がないと思う。そして日本に新たなプログラム作りを率先してもらえれば、非常にありがたい」と話した。

米国政府も和解に本気であると確信した私は、九月中旬から、再度日本に戻り、外務省の関係局長などと面談を行った上、当時の岡田克也外務大臣と面会し、新たな和解プログラムを作る必要性と、それを日本が国際的に主導する意義について話をした。その結果、その年の一一月に発表された日本の対アフガン支援策の三本柱の一つに、「アフガンへの和解支援」が盛り込まれ、和解の基金設立に向けた呼び水として、日本がまず五〇億円を支出することが発表された。こうしてアフガニスタンにおける新たな和解プログラムを作る国際的な動きが本格的に始まった。

交渉すべきはタリバン指導部か一般兵士か

一方、アフガン政府は、二〇〇九年の大統領選挙の結果、カルザイ大統領の二度目の当選が確定し、一一月一九日に就任演説が行われた。そのなかでカルザイ大統領は、「二期目の最重要課題は、タリバンなど反政府武装勢力との和解である」と明言した。一方私は、以前から応募していた国連アフガン支援ミッション（UNAMA）の政務官として、その年七月に正式に採用され、一二月にUNAMAのカブール本部に着任した。UNAMAは私の現地調査を応援してくれた組織であり、UNAMAにとっても新たな和解プログラムの設立は悲願だった。そのため、UNAMAのなかに新たにできた「和解再統合チームリーダー」として、新たな和解プログラムの設立に関わることになった。

二〇一〇年一月に英国で開かれたロンドン国際会議で、アフガン政府と主な支援国が、タリバンとの和解を目指していくことが正式に決定された。この時期を境に、アフガン政府、国連（UNAMA）、多国籍軍（ISAF）、米国、英国、日本による、和解プログラム作成に向けた協議が継続的に行われることになった。私は、UNAMAの実務責任者として毎回その会議に出席して協議に臨んだ。

こうした一連の協議のなかで、最も鮮明に意見が分かれたのが、タリバンのどの部分と対話や交渉を行うのか、という点であった。「タリバンの誰と交渉のテーブルにつくべきか」が最大の焦点だったのである。

当時アフガニスタンには、米軍が約一〇万人、多国籍軍に参加する米軍以外の国の部隊が約五万人駐留していた。当然、米軍の意見が非常に大きな影響力を持っていた。ちなみに、アフガンには、国連PKO部隊は存在しない。アフガン攻撃を開始したブッシュ政権の中枢が国連PKOに対し否定的だった影響で、国連PKOではなく多国籍軍であるISAFが現地の治安維持を担っていた。

そして当時はまだ、米軍や米国政府のなかに「タリバンとの和解を目指すといっても、タリバンの草の根兵士や、中堅幹部との対話を始めるということであり、タリバン指導部との対話は難しい」という意見が根強くあった。もともと、タリバンやアルカイダを駆逐《くちく》する目的で始めた戦争であり、タリバンと和解するのは米国の当初の目的に反するという意見である。

これに対し、国連は一貫して「タリバンの指導部とも交渉し和平合意をしなければ、アフガンの持続的な平和にはつながらない」と主張していた。その主張の根拠は二つあった。一つは、米国が当時、「タリバン・アルカイダ」と称することがあったように、タリバンとアルカイダを基本的に一体のものとして考えていたのに対し、国連は、タリバンとアルカイダは異なる組織であり、タリバンは外国へのテロ攻撃をしたことはなく、あくまでアフガン領土の奪還を目指しているという認識があった。もう一つは、タリバン指導部と交渉して和平合意をしないかぎり、個々の兵士がどんなに和解に応じても、また別の兵士を雇えば、戦闘を継続できてしまうという現実認識があった。

指導部とも和解を目指す

この「タリバンの誰と交渉するか」という問題について、国連（UNAMA）と多国籍軍（特に米軍）の間では、水面下で激しい交渉が行われた。交渉力を高めるために、UNAMAとして統一見解を出すべきだと考えた私は、UNAMAの八つの地方事務所にアンケート用紙を配布し、それぞれの事務所からタリバンとの「和平交渉」に向けて何が一番重要かを聞くことにした。その回答を基に、「新たな和解プログラムに関するUNAMA五提言」を起草し、マサディコフUNAMA政務部長や、二〇一〇年三月に新たにUNAMAのトップに就任したスタファン・デミツラ国連アフガン特別代表など上司の承認を得た。

五提言の内容は、①和解に向けた取り組みは、下級兵士や中堅司令官だけを対象とするのではなく、同時並行で、タリバン幹部・指導部に対しても行うべきだ、②タリバンの中堅司令官との和解については、地方政府の役職などを与えることも有効、③和解が成立した地域で実施する共同体への開発支援については、なるべく全ての共同体で平等に行う。戦闘地域に限って共同体支援を行えば、かえって周辺地域の反発を招き、治安の悪化につながる危険がある、④共同体への支援を行う場合、一定の政治的な安定、治安の改善が見られることを前提とすべきである。紛争が続く地域に対し開発支援を行うことは、資金が反政府武装勢力に流れるリスクもあり、紛争を激化させる危険がある、⑤和解したタリバン兵士や、その他の一般市民に職業訓練を行う場合、地域の開発プロジェクトと連携することでその後の就職を容易にすることが大事、という五点であった。

その後、アフガン政府と国連、ISAF、主要支援国で議論が繰り返され、四度にわたりプログラム案が書き直された後、七月二〇日に開催されたカブール国際会議で、新たな和解プログラム「アフガン平和と再統合プログラム」と、その和解を支援するための国際基金が承認された。そしてこの和解に向けた基金には、米国、日本、ドイツ、英国、オーストラリアなど主要な支援国が参加し約一七〇億円近い和解基金が集まった。

「アフガン平和と再統合プログラム」のプロジェクト・ドキュメントや、和解に向けてのガイドラインには、UNAMA五提言が全て反映された。特に、プロジェクト・ドキュメントに「タリバン指導部とも交渉を行う」ことが明記され、指導部が和解に応じた場合、政治的参加、恩赦の可能性、国連制裁リストから外れる可能性があることが明示されたことは、決定的であった。ついにタリバン指導部とも和解に向けた交渉を行うことが、アフガン政府だけでなく、米国も含めた国際社会の総意になったのである。

アフガン国民の支持と、始まった和平交渉

アフガン市民の大多数が、こうした和解への動きを歓迎した。二〇一〇年にアフガニスタン全土で六〇〇〇人のアフガン人を対象に、国際的NGO「アジア財団」が行った世論調査では、実に八三パーセントのアフガン市民が、「アフガン政府によるタリバンとの和解への努力を支持する」と答えた。

そして二〇一一年五月、アルカイダの首領であるビン・ラディンの殺害作戦を成功させたオバマ大統領は、翌月の二〇一一年六月の演説で、タリバンとの「和平交渉」に本格的に取

り組むと宣言する。「政治的な解決なしに、アフガニスタンのような国に平和が来ないことは誰もが知っている。米国はこれから、アフガン政府とタリバンの和解に向けた動きに積極的に参加する」。

こうした和解に向けて機運が高まった矢先の二〇一一年九月二〇日、タリバンの最高意思決定機関であるクエタ評議会からのメッセンジャーと自称する人物が、アフガン政府の交渉責任者であるスタネクザイ和解担当大臣とラバニ最高和平評議会議長に面会し、挨拶《あいさつ》を交わした瞬間、自爆テロを敢行した。ラバニ議長は死亡、スタネクザイ大臣も重傷を負った。タリバン指導部は犯行を否定、タリバンの使者を名乗った偽者による犯行とされている。

写真3－8　スタネクザイ和解担当大臣（2008年2月18日インタビュー時に撮影）

この事態は、アフガン政府とタリバンの二者による交渉の難しさを浮き彫りにし、双方の安全を確保しながら交渉を仲介できる第三者の必要性を、あらためて認識させるものであった。この仲介者に、二〇一二年、中東の産油国であるカタールが名乗りを上げた。

カタールの仲介と挫折を繰り返す和平交渉

二〇一二年一月、タリバン指導部が「カタールの首都ドーハにタリバン事務所を設置し、アフガン政府との「和平交渉」に入る用意がある」と声明を発表した。しかしその後、タリバン側が、米国のグアンタナモ基地に拘束されている五人のタリバン幹部の釈放を求め、米国がそれに応じなかったため、結局タリバンは本格的な交渉に入らないと決定する。

しばらく停滞した「和平交渉」であったが、二〇一三年六月にタリバンは、再度カタール・オフィスを正式に立ち上げ、「和平交渉」を開始すると発表。アフガン政府もこれに応じ、スタネクザイ和解担当大臣は、「数日以内には本格的な「和平交渉」に入る」とマスコミに期待を述べた（写真3-8）。そのわずか二日後、タリバンがカタール・オフィスにタリバンの旗を掲げたことにカルザイ大統領が激怒。交渉中止を決定し、対話はまたもや頓挫《とんざ》した。

このように、カタールを仲介者とした交渉がなかなか本格化しなかった背景には、カルザイ大統領に、「なぜカタールが仲介をするのか」という疑念があった。カルザイ大統領は、親米政権であるカタールがタリバンと米国の間を仲介し、米国とタリバンが勝手に交渉を進めてしまうのではないか、という懸念を常に持っていた（その懸念は二〇一九年以降、現実のものとなる）。アフガン政府がカタールに全幅の信頼を置けないなか、アフガン和平プロセスは、交渉の入り口で挫折を繰り返してしまったのである。

事態を打開したいと、二〇一四年五月、オバマ大統領は、タリバン側に拘束されていた米軍兵士一人と、グアンタナモに拘束していたタリバン幹部五人を交換することを決断する。「タリバンが長年求めている幹部五人を釈放することで、「和平交渉」を再開させたいという期待もあった」と、米国政府高官はメディアの取材に答えている。しかし、二〇一四年はアフガンで大統領選挙が行われ、投票結果の信憑《しんぴょう》性について疑念が出されて混乱が続き、二〇一四年末にアシュラフ・ガーニ元財務大臣が新大統領に決まるまで、「和平交渉」を始める環境は整わなかった。

新たに就任したガーニ大統領は、二〇一五年七月七日、パキスタンの首都イスラマバード郊外で、はじめて正式な「和平交渉」をスタートさせた。交渉には、アフガン政府、タリバンの代表に加え、米国政府、パキスタン政府、中国政府の代表も参加した。

そのわずか二週間後、「実はタリバンの指導者オマール氏は、二年前に死亡していた」という驚愕《きょうがく》の情報がリークされた。二〇〇一年のタリバン発足以来、絶対的指導者と見られていたオマール氏の死が明らかになり、タリバン側での激しい後継者争いが始まり、またしても「和平交渉」は、その入り口で頓挫したのである。

トランプ政権下で交渉が加速

このように始まったかと思えばすぐに頓挫することを繰り返したアフガンの「和平交渉」は、二〇一八年一〇月以降、一気に本格化する。その最大の要因は、タリバンが長年求めていた、「米国とタリバンによる直接交渉」をトランプ政権が受け入れたことにある。

タリバンはここ数年、米国の傀儡《かいらい》政権であるアフガン政府とは交渉できない、まずは、カタールの仲介の下、米国と直接交渉したい、と主張しつづけていた。アフガン政府との交渉が頓挫しつづけている経験もその背景にあった。

これに対して米国は、「アフガン和解はアフガン人主導でなければならず、まずはアフガン政府とタリバンで話し合いをすべきだ」という立場だったが、外交交渉において、あまり過去の慣例にとらわれないトランプ大統領が、タリバンとの直接交渉にゴーサインを出し、情勢は一気に変化した。

タリバンとの直接交渉を決めた米国はまず、二〇一八年九月、アフガン生まれで、その後アメリカ人に帰化したザルメイ・ハリルザード氏をアフガン和平担当特使に任命。ハリルザード特使は、任命から一か月後の一〇月中旬、タリバン側とカタールの首都ドーハで会談を開始する。タリバン側も米国との交渉をメディアに認めた。

二〇一九年一月下旬にドーハで行われた米国のハリルザード特使とタリバンの協議では、

「米国政府が、一定の時期の後、アフガニスタンから撤退する。一方タリバンは、二度とアフガンを国際テロ組織の温床にしない」ということを合意の基本枠組みにすることで、相互理解に達する。そしてタリバン側は、「米国とタリバンの間で、米軍がアフガンから撤退する時期について合意できれば、その後、アフガン政府側と、将来の国家運営について協議する用意がある」と米国に伝えた。

この協議の直後、米国がパキスタンに釈放を要求していた、タリバンのナンバー2でパキスタン当局に一〇年近く拘束されていたバラダール氏が釈放され、タリバンの政務担当副代表に復帰。米国との直接交渉を担うことになる。二〇一九年二月に再び行われた米国とタリバンの協議は、ハリルザード米特使と、タリバンで最も穏健派と言われるバラダール副代表を主軸とする直接交渉になった。交渉を前にバラダール副代表と昼食をともにしたハリルザード特使は、「これは交渉の加速に向けた大きな一歩だ」とメディアに語り、バラダール氏の復帰を歓迎した。その後、米国とタリバン側が決裂に至りそうになるたびに、このハリルザード特使とバラダール氏が双方の交渉メンバーをなだめ、交渉再開にこぎつけた。

その後、米国とタリバンの交渉は、カタールの首都ドーハを舞台に断続的に何度も繰り返された。二〇一九年八月から始まった九回目の協議では、ついに両者が原則合意。九月八日には、トランプ大統領が、タリバンの代表者とガーニ・アフガン大統領を大統領の保養地であるキャンプデービッドに招き、米国とタリバンの基本合意を世界に向けて発表しつつ、タリバンとアフガン政府の間で協議が始まることを全世界にアピールしようとしていた。

しかしトランプ大統領は、その前日の九月七日になって、前の週に起きたカブールでのタリバン攻撃で米兵が一人殺害されたとし、会談をキャンセル。米国とタリバンの和平協議そのものをいったん打ち切ると発表した。この背景には、翌年に大統領選挙を控えたトランプ大統領が、同時多発テロがあったのと同じ九月一一日の直前に、タリバンとの合意を劇的な形で発表することが、選挙にとって不利になるという判断が働いたとみられる。これを受けてタリバンの広報官は、「土曜日（九月七日）までは会談はうまくいっていた」と話し、「このことで打撃を受けるのは米国である」と強気の姿勢を示した。米国とタリバンの基本合意を受けて、タリバンとアフガン政府の対話が始まる一歩手前で、またもやアフガニスタン和平プロセスは挫折を余儀なくされた。しかし、米国のアフガン軍司令官も、統合幕僚長も「アフガン戦争を終わらせるには、タリバンとアフガン政府の政治合意と和解しかない」と、この会談中止直後に『ニューヨーク・タイムズ』紙に話しており、最終的には政治的な決着をつける以外に方法はないという見方は今なお米国に強く残っている。

今後の交渉の焦点と民主的選挙の是非

二〇一九年九月二八日に、アフガンでは大統領選挙が実施されたが、政府の実効支配地域が非常に小さくなるなかで、投票率は約二五パーセントと極めて低かった。

そして同年一一月、トランプ大統領は、タリバンとの交渉を再開したと発表した。しかし合意に至るかどうかは、予断を許さない。また、仮に米国とタリバンが、米軍の撤退時期と、タリバンが国際テロ組織の活動阻止に努力することで合意したとしても、その後、アフガン政府とタリバンによる「和平交渉」という、さらに難しい交渉が控えている。

このアフガン政府とタリバンの交渉における最大の焦点は、はたしてタリバンが、民主的な選挙によって国の代表を決め統治を行うという点を受け入れられるかどうかだと、私は考えている。タリバンは、一九九〇年代の統治への反省から、女性の権利を尊重すると繰り返し主張している。しかし、いわゆる民主主義的な制度を受け入れる用意があるのかについて、タリバンの公式見解は発表されていない。タリバンのなかでも見解が分かれている可能性が高い。

しかし民主的な選挙を認めない場合、仮に暫定政府作りについて、アフガン政府とタリバン側が合意しても、その後の政権をどう作るのかについて、合意できない可能性が高い。アフガン政府側が、一党独裁的な体制を長期にわたって継続することで合意する可能性は小さいからである。この、政府をどんな方法で樹立するのかという統治の問題について合意できなければ、アフガン政府とタリバンの交渉は暗礁に乗り上げ、内戦が継続されていくか、もしくはタリバンが軍事的にアフガンを制圧するなどのシナリオが考えられる。それは、アフガンの多くの人々の願いや希望にも反する。

逆にタリバンが、民主的な選挙を受け入れ、政党となり、一定の暫定政権による運営の後は、弾丸ではなく、票で政権を競い合うことで合意すれば、それ以外の問題については、話し合いによって決着がつく可能性はあると私は考えている。

もし民主的な選挙を受け入れられない場合、アフガニスタンの伝統的な意思決定機関である国民大会議（ロヤジルガ）などを使った代表者の選出もあるかもしれない。しかし、二〇〇四年以降、ずっと選挙によって大統領を選出してきたアフガンの人々が、自分たちの投票で代表を決める制度を簡単に手放すことは難しいと思われ、国際的にも批判が高まることは必至である。この統治の問題を巡る交渉が、最大の難問になるだろう。

アフガン紛争の激化と今後

一方、アフガニスタンでの戦闘は激しさを増している。UNAMAは、二〇一八年の一年間に、三八〇四人の民間人が戦闘に巻き込まれたり無差別攻撃を受けたりして死亡し、「民間人の犠牲者のデータを取りはじめた二〇〇七年以降、最大の死者が出た」と発表した。これを受け山本忠通国連アフガン特別代表は、「このような一般市民の犠牲は到底受け入れられるものではない。全ての紛争当事者に、平和のための機会を逃さないでほしい」と訴えた。

こうした数字が物語るように、タリバンの支配地域は一貫して拡大しており、二〇〇一年以降最大になっているとＢＢＣなど各メディアも報じている。他方タリバンは、二〇一四年以降、アフガニスタンに拠点を作りはじめたイスラム国（ＩＳＩＳ）のアフガン分派とも、激しい戦闘を続けている。アフガン政府、タリバン、ＩＳＩＳ分派による三つ巴《みつどもえ》の戦いが続いているのだ。

アフガンの和平プロセスは、誰が交渉のテーブルにつくのかを巡って、紛争当事者が苦悩し、協議を重ね、試行錯誤を続けたプロセスでもあった。この和平プロセスが、和平合意に基づく持続的な平和への道を切り開くのか。米軍の撤退の後、タリバンによる軍事的制圧につながってしまうのか。世界は今、固唾《かたず》をのんで見守っている。

第３章のまとめ

これまで見てきたように、南スーダンやアフガニスタンの和平プロセスは、今後の「平和構築」や「和平交渉」における包摂性について、大きな教訓を示している。南スーダンでは、「平和構築」の初期の段階で、キール大統領とマチャール副大統領の共存に失敗し、包摂的な政治プロセスが破綻、凄惨な内戦に陥った。アフガンでは、新国家づくりの初期段階でタリバンを排除したことが大きな失敗であったことは、現在多くの関係者が認めるところである。

他方、紛争下の「和平交渉」においては、柔軟なアプローチを認めることが交渉を進展させる上で重要なことが示唆されている。南スーダンでは、紛争当事者に影響力のあるスーダンとウガンダが、キール大統領とマチャール副大統領の間でまず和平合意を実現し、それからより幅広い勢力との合意につなげていった。アフガンでは、まずタリバンと米国が協議して合意した上で、タリバンとアフガン政府が協議を行うという方法を取ったことで、和平協議が本格的に進展したことは否定できない。そして、この方式に当初猛反発していたアフガン政府も、最終的に政府とタリバンが交渉をすることを前提に、このアプローチを認める立場に（少なくとも表向きは）変化している。

紛争下の「和平交渉」における包摂性に、おそらく決まった法則はなく、それぞれの紛争当事者の思想や、実態、力関係を見ながら、柔軟に決めていく必要がある。しかしその交渉の結果生まれる合意内容は、基本的に全ての勢力が新たな国づくり、平和づくりに参加できるものであることが成功への鍵と言えよう。南スーダンとアフガニスタンの和平に向けた苦闘は、包摂性と平和づくりの重要性とその難しさを、私たちに示しつづけている。

第4章

周辺国の責任、グローバル国家の役割

バグダッド市街
（イラク，2019年2月17日）

この章では、「紛争下の和平交渉」において、周辺国やグローバルな大国がいかに大きな責任を持っているのか、裏返せば、そうした国々が、何十万人という犠牲者や何百万人という難民を生み出す内戦の「罪」を負っているかについて、シリアとイラクのケースを通じて考察する。

他方、本来、紛争当事者の仲介をするべく国際社会から負託を受けたはずの国連特使やその調停チームが、グローバルな大国や周辺国によって、「平和のために努力している」という言い訳に利用されるリスクについても論じたい。つまり、グローバルな大国や周辺国が、実際には、自らが支援する紛争当事者を軍事的にも財政的にも支援を続ける一方で、形だけは「国連の調停努力を支持する」と表明して、内戦が拡大する自らの責任から逃れようとするリスクである。まずは、こうした「国連の濫用」とも言える事態が最も顕著な形で現れたシリアのケースから分析を始めたい。

1　シリアの失敗、国連の「濫用」

六七〇万人を超えるシリア難民

国連難民高等弁務官事務所（UNHCR）の発表によれば、二〇一八年、内戦などを主な原因とする難民の数は、第二次世界大戦以後、はじめて七〇〇〇万人を超えた。二〇一二年以降、難民が急増した大きな要因として、UNHCRはシリア内戦を原因とするシリア難民の増加をあげている。二〇一八年の時点で、実に、約六七〇万人のシリア人が、国外に逃れ難民となって生活し、それに加え約六二〇万人が、シリアの国内で、自らの家を逃れ、国内避難民として生活している。あわせて、一三〇〇万人近くのシリア人が家を追われたのだ。

また内戦による犠牲者も、二〇一一年から累計して、五〇万人を超えていると推定されている。まさにシリア内戦は、二一世紀以降、人類が背負った最大の悲劇と言える。

激しい戦闘が続くなか、シリア国内での調査は難しいと考えた私は、まず二〇一七年八月に、レバノンに二週間滞在し、シリアから逃れているシリア難民の声に耳を傾けたいと考え

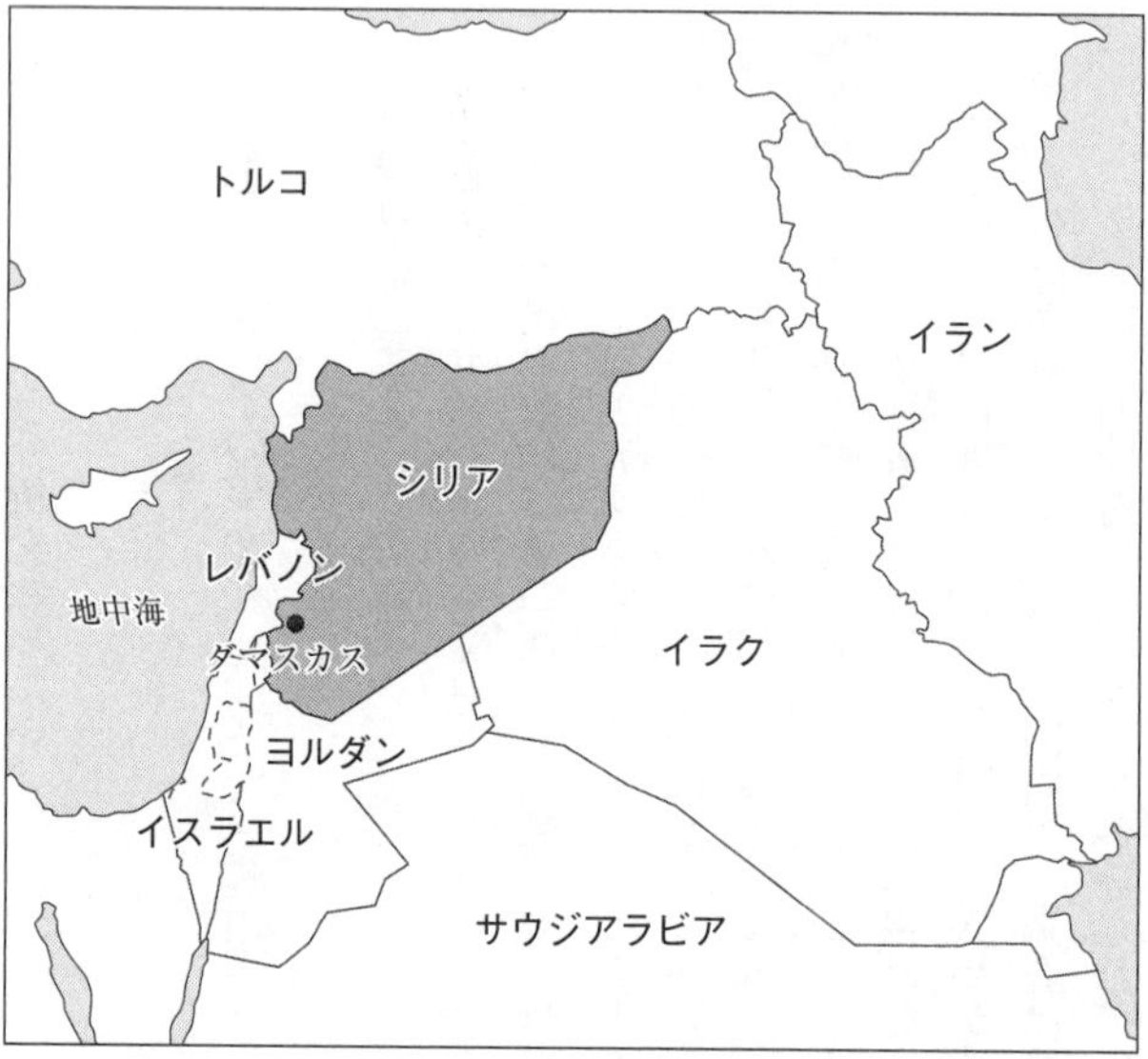

図4－1　シリア略地図

た。さらに、シリアから逃れてレバノンに滞在しながらシリア内戦の分析を続けている専門家や、ジャーナリスト、シリアの学校の先生たちなど、とにかく多くのシリアの人々の声を聴くように心がけた。

現地調査については、二〇一六年からレバノンでシリア難民の支援を始めている日本のNGO「パルシック」の協力を得た。パルシックが食料支援や、越冬支援、教育支援などを行っている現場を視察し、二〇人を超えるシリア難民から話を聞くことができた。またレバノンに逃れ、シリア人への教育に携わっているシリア人教師たちとの会合なども設定していただいた。

　パルシックは、レバノンで活動する二つの現地NGOと協力しながら支援を進めていた。一つは、レバノンにおけるシリア難民支援を行うNGOとして最大規模の「救援と開発支援ユニオン」（URDA）を通じての越冬支援や難民支援。もう一つは、シリアから逃れてきたシリア難民の女性が立ち上げた、アラビア語で「ともに」を意味する「SAWA」という団体と連携して、難民への教育支援などを行っている。

　このSAWAの代表は、ローバ・マーセンさん（写真4－1）。二〇一一年暮れにレバノンに逃れた後、シリア難民の子供たちへの教育支援を始めたいと、二〇一二年にロンドンとレバノンの双方でNGO登録を行い、多くのシリア難民の仲間とともに支援事業を開始した。現在、シリアとの国境に近いレバノンのベッカー県などを中心に数百世帯の難民キャンプの運営や、そこに住む子供たちの学校運営などを行っている。パルシックは、マーセンさんの活動に賛同し、二〇一六年からSAWAと協力しながら、ベッカー県で、キャンプの改善や学校作り

写真4－1　マーセン SAWA 代表（2017年8月22日）

【シリア関連略年表】

2011	シリア各地でデモ発生．政府の弾圧に対し武力抵抗開始
2012	「ジュネーブ合意」採択も実施できず
2014	「ジュネーブ会議Ⅱ」失敗 この頃より ISIS 台頭
2015	ロシア，本格的な軍事介入 シリアの体制移行を定めた国連安保理決議2254採択
2016	デミッラ国連特使による「シリア間対話」開始
2017	ロシア，イラン，トルコが主導する停戦協議（アスタナ協議）開始
2018	デミッラ国連特使辞任

を進めてきた。そのマーセンさんは、まずシリア内戦について次のように話した。

「二〇一一年のアラブの春の影響で、シリアでも反政府側のデモが始まりました。最初は、政権転覆を目指すものではなく、政策の改善を求める平和的なデモだったのです。その後、シリア政府軍のなかの一部が、政府軍から離れ、反体制側につき、武力抵抗を開始し、それをヨーロッパや、サウジアラビア、カタール、トルコなどが支援しました。これに対してイランやロシアは、同盟国であるアサド政権を守ろうと、懸命に軍事支援しました。これによってシリアは、ある種の「代理戦争」になってしまったのです。そしてもう、シリア人の手には止められない戦争になってしまいました」

マーセンさん自身、シリア内戦で八人もの従妹《いとこ》を失ったという。命からがらレバノンに逃れた後、自ら難民支援の活動を始めることになる。

「活動を通じて、海外に逃れたシリア難民の子供の三分の二が、経済的な理由などで、学校に行けない実態を知りました。これは、将来のシリアの再生にとって大きな負債になります。だから私は、シリアの子供たちに教育サービスを提供する活動を始めました。各国から寄付を募り、難民居住区に学校を建てる事業を始めたのです」

自ら立ち上げた団体の目標を気丈に話すマーセンさんは、インタビューの最後、ふと、とても疲れた表情を見せた。

「一方で私は、自分が数百人のシリア難民の人たちの命を預かっているという責任を感じます。そして各国からの支援金は、毎年、継続される保証はありません。今日も、ある国からの支援が急遽《きゅうきょ》なくなると連絡があり、パニックになりながら次の支援者を探し回っています。ある国や団体からの財政支援が途絶えるたびに走り回る。そんな重責に、正直疲れはてています。でも、なんとか続けなければなりません」

その後一週間ほどかけて、マーセンさんたちSAWAが運営する難民居住区や学校、そしてURDAが持つ大きな難民居住区、またUNHCRの案内でレバノン南部の難民居住区などを回り、シリア難民の人々から直接話を聞いて回った。最後にベイルート郊外にあるアラムーン地域に、URDAがシリア難民の居住区を作っている場所を訪ねた。

レバノン政府は、シリアからの難民を、正式な難民としては認定せず、その人たちが住む場所も、「難民キャンプ」と呼ぶことを禁じている。そのためシリア難民が住むテント村や

写真４－２　Ａさん一家（2017年８月29日）

居住区は、「非公式居住区」と呼ばれる。ＵＲＤＡのスタッフが案内してくれたビルには、数十世帯のシリア難民が生活していた。ここには共同のキッチンもあり、また女性たちは養鶏を行ったり食事を作って周囲の人たちにそれを売ったりという活動も始めていた。そのなかの一人、五人の子供と夫と住む女性のＡさん（匿名を希望）に一時間ほど話を聞いた（写真４－２）。

Ａさんとその家族は、シリアの大都市の一つであるホムスに住んでいた。二〇一一年終わりから内戦が激しくなり、ホムスのなかを逃げ回り、住まいを転々とした。内戦の激しさについて、Ａさんは、淡々と話した。

「戦闘は日ごとに激しさを増し、政府軍による空爆によって、一日四〇〇発も五〇〇発も爆弾が投下される状況になりました。まるで雨のように爆弾が落ちてくるのです。私は、夫と二人の息子、三人の娘を連れて、逃げ回りました。そのうち、私の母親が、「もう逃げ惑うのは疲れた。ここにいたい」と家に残りましたが、その直後、爆弾が家を直撃しました。母は即死し、遺体は灰となりました」

命からがらシリアを逃れレバノンに入ったものの、最初のテント生活は困難を極めたという。トイレもなく、生き延びるだけの悲惨な生活だったが、その後、URDAのスタッフが駆け付け、この居住施設に入ることができた。ここには、トイレや電気、水もある。そして何よりも、銃撃に怯《おび》えず生きていけることが嬉《うれ》しい、とAさんは語った。一方、やはり心配は子供たちの教育だった。

「レバノンの学校では、小学校までは、午後の授業をシリア人用に開講していて、無料で授業を受けることができる。しかし中学校以上は、年間七〇〇ドル以上の授業料を納めなければなりません。また学校までの交通費も高い。だから、私の長男と長女は、学校に行くのを諦めました。長男は、本当は医者になりたかったのに、断念せざるを得ず、とても落ち込んでいます」

私は最後に、シリアが平和になったら母国に戻りたいかを聞いた。

「もちろん、シリアがまた平和になり、安全に暮らせることが保障されたら、シリアに帰国したいです。私の二人の兄弟は死にましたが、まだ二人の妹がシリアに残っています。彼らに会いたい。でも他方で、シリア人は、本当に多くの殺し合いを経験してしまいました。いろいろな報復が今も起きています。シリアに本当の平和が戻ってほしい、でもそれは、難しいのではないかと、もう一人の自分が考えているのも事実です」

Aさんの母親と二人の兄弟の命を奪い、家族の大部分が難民になることを余儀なくさせたシリアの内戦。世界中で一三〇〇万人ものシリア難民や国内避難民がAさんのような経験をしていると思ったとき、私は呆然《ぼうぜん》となった。

アナン特使による和平調停

二〇一一年にシリアで内戦が勃発したとき、当時のパン・ギムン国連事務総長は、二〇一二年二月、アナン前国連事務総長を、「シリアに関する国連・アラブ連盟共同特使」に任命した。アナン氏は国連事務総長を引退した後も、二〇〇八年のケニア総選挙後の騒乱における調停を行い、見事に内戦を回避するなど、その和平調停の手腕と、平和への真摯《しんし》な姿勢は、世界中から認められていた。そのアナン氏に白羽の矢を立てたことは、国連のシリア内戦を止めようという意気込みの表れでもあった。

二〇一二年三月、アナン特使は、シリア停戦に向けた六提案を公表。その後、部分的に停戦が合意され、約三〇〇人の国連停戦監視団もシリアに派遣された。二〇一二年六月には、ジュネーブでアナン特使が主催する「シリアに関するジュネーブ会議」が開催され、いわゆる「ジュネーブ合意」が、シリア政府や反体制派、米国やロシアも賛成する形で採択される。

ここが、シリア内戦を止める大きなチャンスだった。

この「ジュネーブ合意」の最大の特徴は、採択された文書のなかに、「シリア政府が政治的移行（体制の変更）を行う」と明記されたことにある。その最初のステップであるシリアの暫定統治組織については、「政治的移行が行われる環境を作るために、暫定統治組織を樹立する。その組織は行政権の全てを掌握する」と明記された。

そして、この暫定統治組織のメンバーについては、「政府のメンバーも入る可能性があり、反体制派も入る可能性があるが、その構成については、相互合意に基づいて決定される」と定められた。

この合意は、それまでシリア問題で合意できなかった米国とロシアがともに賛成したという点で、画期的なものと評価されたが、他方で、大きな問題を内包していた。それはこの暫定統治組織のメンバーのなかに、アサド大統領自身が入るかどうかという決定的な問題を巡り、シリア政府と「反体制派」が「相互合意」しないと、暫定統治組織を樹立できない内容だったことである。そしてこの点を巡り、双方が合意できないことが、シリア和平プロセスの大きな障害になってしまった。アサド大統領の存続を主張するアサド政権と、それを支援するロシアやイラン、他方、アサド政権の転覆を目指す反体制派と、それを支援するサウジアラビアやカタール、トルコ、EU、米国などが、激しく対立しつづけることになった。

「ジュネーブ合意」を受け、アナン特使は、国連安保理で決議を採択し、国際的な正統性を与えようとした。しかし、国連安保理は足並みが揃わず、決議採択に失敗。この事態を受けて、アナン特使は二〇一二年八月に辞任を決断する。アナン氏は会見で、「シリアの政治的移行を始めるために、アサド政権と反体制派の双方に対し、国際社会による結束した圧力が欠けていること、特に地域の大国からの圧力が欠けていることに深く失望した」と述べた(傍線著者)。

これについてジュネーブでシリア紛争を長く担当する西側の外交官の一人は、「あのアナン氏の辞任会見の主張するところは明らか。つまりサウジアラビアが、アサド政権と妥協して政治的な移行を進めることについてまったく関心がなく、反体制派に対して軍事的攻勢を続けるよう促していたことに対し、アナン氏は強く抗議し辞任したのです」と解説した。アサド政権の退陣を求めていた西側の外交官だけに、この見解にはある種の信憑性が感じられる。

周辺国の覇権争いとグローバルな大国の関与

シリア内戦は、自由と民主主義を訴えた民衆デモに対して、アサド政権が徹底して弾圧を行ったことによって始まった。しかしその後、アサド政権に対して武力闘争を開始した「反体制派」を、スンニ派であるサウジアラビアやカタールが積極的な財政支援や軍事支援を開始し、暴力のレベルが一気に拡大したのである。

こうしたスンニ派の国々による反体制派への支援の背景には、二〇〇三年に米国がイラクに侵攻し、スンニ派出身のサダム・フセイン政権を打倒したことにより、イラクにおけるスンニ派が政治的少数派に転落、シーア派中心の政権になったことがある。イラクにおいては、シーア派が約七〇パーセント、スンニ派が約二〇パーセント、クルド人が約一〇パーセントの人口比率と言われ、二〇〇五年以降行われた民主的な選挙によって、一貫してシーア派の政党が議会の多数派を占め、首相を選ぶようになった。これによりイラクは、シーア派の領袖《りょうしゅう》であるイランの最友好国の一つとなった。

これを受けて、サウジアラビアが中核的な役割を果たす、イランに対抗するために結成された湾岸協力理事会（GCC）諸国の間で、イランの勢力拡大に対する危機感が急速に高まった。「二〇〇三年以降、「我々はイラクを失った」という認識が、サウジアラビアのシリア政策の原点にある。イラクを失った今、できればシリアを、サウジアラビアの同盟国側にひっくり返したいという願望がある」と、二〇一二年からシリア和平に関わっている国連の高官の一人は常に強調していた。つまりイランと近いアサド政権を打倒することで、シリアで多数派を占めるスンニ派を中心とする政権の樹立をサウジアラビアやカタールは目指し、

「反体制派」への財政的・軍事的支援に踏み切ったのである。

サウジアラビアやカタールなどの直接支援や、米国やEUの間接的な支援を得て、シリアの「反体制派」は、多くの分派に分かれつつ、アサド政権打倒とシリア国内での勢力拡大を目指していく。他方、アサド政権の友好国であるイランは、イランの影響力をシリアに残すためにイラン正規軍や自主的に参加したイラン義勇兵を派遣して、徹底したアサド政権支援を開始した。さらに、シリアと長年同盟関係を維持し、シリアにロシア軍港も持つロシアが、アサド政権維持に向けて一貫して支援を続け、二〇一五年には軍事介入に踏み切った。こうした事態により、シリア政府とその「反体制派」の内戦は、グローバルな大国であるロシアと米国の覇権争いや、サウジアラビアとイランを長とする地域大国の覇権争いの舞台にもなり、まさに「国際化した内戦」に陥ったのである。

ブラヒミ特使の挫折とデミツラ特使の戦略

アナン特使の辞任を受けてパン事務総長は、次にラクダル・ブラヒミ氏をシリア担当の国連特使に任命した。ブラヒミ氏もまた、レバノン内戦を終結に導いたり、南アフリカでの総選挙の実施を国連側から支援する代表を務めたり、国連アフガン特使や国連イラク特使を歴任したりするなど、まさに世界的な「トラブルシューター」(問題解決人)として、国連の宝とも言われた人物である。

そのブラヒミ特使が、一年半に及ぶ調停を行い、二〇一四年一月に二度目の「ジュネーブ会議Ⅱ」を開催したが、政府側も反体制派もまったく歩み寄りを見せず会議は決裂。ブラヒミ特使は、会見で「シリア国民に非力を詫《わ》びたい」と述べ、二〇一四年五月に辞任した。このように、国際化したシリア内戦は、国連特使の手腕の如何《いかん》にかかわらず、サウジアラビアやイランなど地域の大国の思惑や、米国やロシアなどグローバルな大国の対立が続くなか、「和平交渉」がまったく進まない状況に陥っていた。

こうして、「不可能な任務」と言われるようになったシリア調停の役割を担った三人目の国連シリア特使が、やはり国連イラク特使や、国連アフガン特使を務めたスタファン・デミツラ特使だった。デミツラ特使は、二〇一〇年に私が国連アフガン支援ミッション（UNAMA）の国連政務官として勤務していた際、直接の上司だった人物である。彼は、私がUNAMAを辞める際、今後のためにと、私の仕事を評価する手紙を書いてくれるなど、とても面倒見

写真4－3　デミツラ国連シリア特使（2017年9月8日）

のよい上司だった（写真4-3）。

私は二〇一七年九月に三週間ジュネーブに滞在し、デミツラ特使へのインタビューを行った。また在ジュネーブ日本大使館の協力を得て、在ジュネーブ・シリア大使、ロシア、イランなど、シリア政府を支援する側の各国の次席大使や公使、また、サウジアラビア、カタール、トルコ、EU、米国など反政府側を支援する各国の代表へのインタビューを実施した。また二〇一八年二月にも一〇日間ジュネーブに滞在して追加調査を実施した。

デミツラ氏が二〇一四年七月に国連シリア特使に任命されたとき、米国とロシアは、ロシアが介入して内戦になっていたウクライナやシリアの問題で激しく対立していた。また、アサド政権を応援するイランと、反体制派を応援するサウジアラビアやカタールも覇権争いを繰り広げ、シリア国内でもアサド政権と反体制派がまったく歩み寄りを見せず、また反体制派も多くのグループに割れていた。つまり、シリアの和平プロセスを進めることは、絶望的とも言える状況だった。シリア特使として勤務を始めたときに、自らの任務についてどう感じたかを聞くと、デミツラ氏は以下のように答えた。「確かに就任当時、和平調停はほとんど実現不可能な任務のように見えました。最初に私が試みたのは、そうしたシリア紛争に関わる全てのプレイヤーが、同じ目的を共有できる枠組みを作ることでした」。

国連の一番下のランクの職員として採用されてから、四〇年以上国連組織に勤務し、二〇以上の紛争地で勤務してきたデミツラ特使。そのデミツラ特使を待ち受けていたのは、周辺国やグローバルな大国が、表面的には国連の調停を歓迎するものの、実際には、シリア内戦の当事者を支援して、軍事的勝利を目指す、「国連の濫用」と言える状況であった。他方、国連は、パン事務総長を始め、シリア紛争にまったく関わらないことは国連無用論をさらに拡大させると危機感を抱き、難しいとわかっていても国連シリア特使を次々と任命するという「国連の罠《わな》」にはまり込んだような状況でもあった。

こうした極端に難しい情勢のなか、デミツラ特使は、まずシリア政府や、反体制派各グループ、市民団体、女性グループなど三〇〇を超える組織と会合を行った。そして、シリアの紛争当事者との信頼関係の構築に努めつつ、鍵を握る米国とロシア、そしてサウジアラビアやイランを回りつづけ、シリア内戦を止めるために、みなで同じ対話の土俵に乗ろうと説得を続けた。つまり対立するグローバルな大国と周辺国を、シリアに平和を回復するという一点で、なんとか同じ方向性に向かわせることができないかと、努力を始めたのである。

一方、二〇一四年ごろから、いわゆる「イスラム国」（ＩＳＩＳ）がシリアでも勢力範囲を拡大し、シリア領土の三分の一を実効支配するようになった。アサド政権が実効支配する領土は約三分の一まで縮小し、残り三分の一をそれ以外の反体制派が支配する情勢となりつつあった。これを受けて、まず米国が、他の有志連合とともにＩＳＩＳ支配地域への空爆を開始。またロシアは、このままではアサド政権の存続自体が危ういと考え、二〇一五年九月から、アサド政権の要請を受ける形で、空爆や地上軍の派遣など本格的な軍事介入を開始する。このロシアによる徹底した軍事介入により、戦局は一気にアサド政権優位に転じていった。

この機会をとらえてデミツラ特使は「シリアのＩＳＩＳを軍事的に崩壊させる」ことを一つの共通目標としつつ、「アサド政権と、ＩＳＩＳ以外の反体制派が和解し、体制移行に移る」という線で、関係各国や当事者が合意できないかと、さらに説得を続けた。

一年半に及ぶ説得活動の結果、二〇一五年一一月、オーストリアの首都ウィーンに、米国、ロシア、イラン、サウジアラビア、カタール、トルコなどシリア紛争に関わる二〇か国が一堂に会し、「国際シリア支援グループ」（ＩＳＳＧ）を設立することで、ついに合意した。そして、米ロが共同議長を務めるこの「国際シリア支援グループ」が、シリア政府と「反体制派」が政治的移行に向けた交渉に入るよう、求めていくことになった。デミツラ特使が目指していた、シリア内戦の政治的解決に向けた周辺国とグローバルな大国による共同枠組みが、一応、形成されたのである。

シリアの体制移行を示した国連安保理決議二二五四

安保理は、「国際シリア支援グループ」の設立と合意を受け、二〇一五年一二月一八日、国連安保理決議二二五四を採択する。全会一致で採択されたこの決議は、「国連が促進するシリア人主導の政治プロセスを支持し、包摂的で分派主義に偏らない統治、新しい憲法を起草するためのプロセスの開始、そして一八か月以内に、自由で公正な選挙の実施を支持する」と明記されていた。この決議によって、シリアの政治プロセスが、具体的には、①暫定政府の確立、②新たな憲法の作成、③自由で公正な選挙の実施、を意味することが、少なくとも国連安保理決議の上では、国際社会のコンセンサスとなった。

この決議を受け、二〇一六年二月から、デミツラ特使が主催する、アサド政権と反体制派による、いわゆる「シリア間対話」が開始された。このシリア間対話に応じるために、これまで多くの分派に分かれていた反体制派が、サウジアラビア主導の下、「高等交渉委員会」を形成し、一応はＩＳＩＳ以外の反体制派をまとめる形となった。これに呼応する形で、二〇一六年二月、ドイツのミュンヘンで、米ロの外相が「シリアにおける暴力の停止」に合意。この合意の後の数か月、シリアにおける戦闘は八〇パーセントほど減少するに至った。米国とロシアが本気になって和平プロセスを後押しすれば、もしかすると、アサド政権と反体制派による和平合意も可能かもしれないという、ほのかな希望が持たれはじめた時期であった。

シリア間対話と暴力の拡大

米ロによる「暴力の停止」合意を受け、デミツラ特使は二〇一六年三月一四日から二四日までと、四月一三日から二七日までの二回にわたり、「シリア間対話」をジュネーブで開催した。当時のデミツラ特使の狙いは、①米ロによる「暴力停止」によって、政治的な対話を行う環境を作る、②暴力停止により人道的支援をシリア国内で行うことを可能にし、人々の生活を改善する、③その二つが相乗効果をあげ、シリア政府と反体制側の対話が促進され、包括的な和平合意を目指す、というものであった。

しかし、シリア政府と反体制側の互いの不信感は大きく、双方は同じ席に着くことすらできなかった。そのため、双方の代表団がジュネーブの会合場所の別の部屋に陣取り、その間をデミツラ特使が行ったり来たりする、いわゆるピストン外交が行われた。しかし双方は、最大の問題である、アサド大統領がシリア暫定政府に入るのかどうかで当初から対立し、まったく歩み寄りを見せなかった。

そして二回目の二〇一六年四月の対話が終わった後から、シリア政府とロシア軍は、「反体制派」の拠点であった北部の中心都市アレッポの東側に対する軍事攻勢を一気に拡大させる。米ロで合意したはずの「暴力停止」は、わずか数か月で崩壊した。シリア政府軍は、ロシアによるアレッポに対する激しい空爆と、イラン軍による支援を得て、アレッポ陥落を目指した。なぜこのとき一気に戦闘は拡大していったのか、デミツラ特使に聞いた。

「彼らが戦闘を再開、拡大したのは、要は単純な一つの理由です。シリア政府、反体制派の双方、そして彼らを応援する国々が、軍事行動による勝利が可能だと考えていたからです。それが最も単純で重要な理由です」

デミツラ特使は、アレッポの陥落による人道的な被害を少しでも小さくするよう双方へ説得を続けた。最終的には、ロシアや政府軍側が、東アレッポにいた反体制派の兵士や一般市民を、イドリブ州など他の反体制派の拠点に移動させる「人道的回廊」を作ることなどで、東アレッポに残るシリア人が抹殺《まっさつ》される事態は避けられた。しかし、この一連のアレッポを巡る攻防で、民間人も含め三万一〇〇〇人が死亡、シリア紛争における最大の悲劇の一つとなった。

アレッポを巡る戦闘は、国連がいかに「和平交渉」を進めようとしても、グローバルな大国である米国やロシア、また地域の大国であるイランやサウジアラビアが、本気で内戦を止めようと考え、国内の紛争当事者に対し軍事支援を停止し、停戦を維持するよう説得しなければ、結局は、戦闘が継続されてしまう現実を、露《あらわ》にしてしまったのである。

停戦合意とアスタナプロセス

二〇一六年一二月に反体制派の最大拠点だった東アレッポが陥落したことで、シリア北部と国境を接し、サウジアラビアやカタールと並んで反体制派を支援してきたトルコは、危機感を募らせた。トルコは、アレッポを失った後、その西側に位置する反体制派の最後の拠点、イドリブ州も失うことになるのではないかと恐れた。そしてアサド政権打倒を目指すというこれまでの方針を転換し、ロシアに接触を開始した。

背景には、二〇一六年七月にトルコでクーデター未遂事件が起きたとき、ロシアのプーチン大統領がいち早くトルコのエルドアン大統領支持を打ち出し、ロシアとトルコの二国間関係が劇的に改善していたことがある。トルコはロシアに対し、イドリブ州を始めとする四つの拠点に立てこもる反体制派と、シリア政府軍との停戦について協議を始めた。「当初は、ロシアとだけ協議を始めましたが、それだけでは、イラン軍が攻撃を止めない現実があり、結局、ロシア、イラン、トルコの三か国で、停戦協議を始めることになりました」とジュネーブの当時のトルコ次席大使は率直に話した。

結局、ロシア、イラン、トルコが主導し、シリア政府軍と反体制派がそれに押されるような形で、アレッポ陥落から約一か月後の二〇一六年一二月三〇日に、シリア全土で停戦が合意された。翌一二月三一日、国連安保理が決議二三三六を採択し、この停戦合意を支持した。

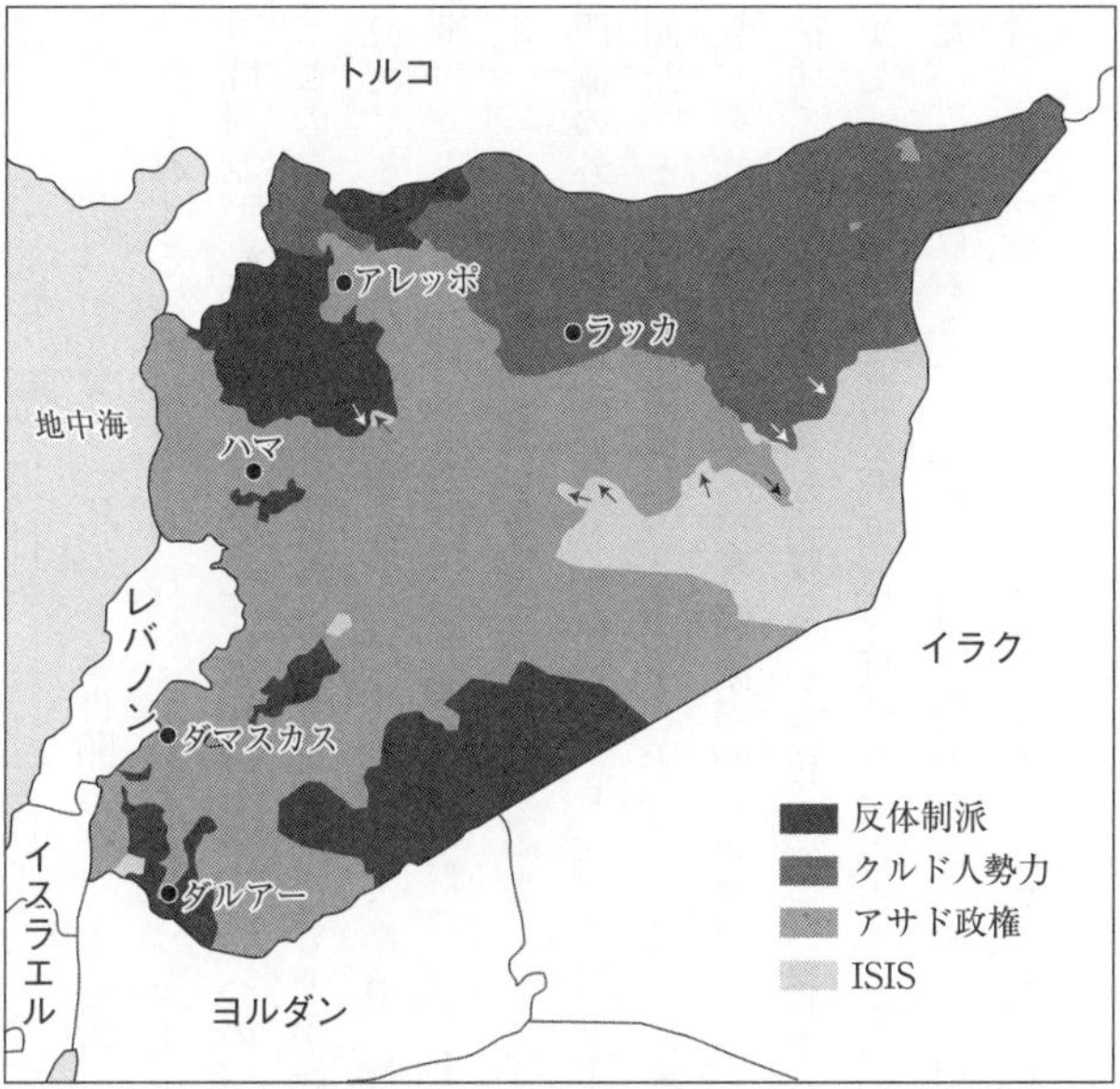

図4－2　シリア情勢図（2017年10月）
出所：The Carter Center, Weekly Conflict Summary, October 5-11, 2017より作成.

これを受け、二〇一七年一月二三日から二五日まで、カザフスタンの首都アスタナを舞台に、ロシア、イラン、トルコが主導し、シリア政府と反体制派が参加する「アスタナ協議」が開催された。デミツラ国連特使はこれにオブザーバーとして参加することになった。このときのアスタナ協議では、ロシアとイラン、トルコの三か国が、停戦を維持するメカニズムを作っていくことで合意した。

これを受けデミツラ特使

は、二〇一七年二月二三日から三月三日まで、ジュネーブでシリア政府と反体制派による「シリア間対話」を約一年ぶりに再開した。その後、まずアスタナでロシア、イラン、トルコが主導する停戦協議が行われ、それを受けジュネーブで、デミツラ特使が主催する「シリア間対話」を行うという、たすきがけ方式で二つのプロセスが動くことになった。

このアスタナでの停戦合意は、基本的に、シリア政府軍とイドリブ州を始め四つの拠点に立てこもる「反体制派」との間での停戦である。反体制派による四つの拠点は、「停戦地帯」と指定された。ここに、東部に割拠していたISISは含まれていなかった（図4-2）。二〇一七年当時、このアスタナ協議を、シリアの隣国レバノンで戦況を注視するある西側の外交官がこう分析していた。「ロシアとアサド政権は、アスタナ協議を使って「反体制派」との停戦を実施し、まずISISとの戦いに専念して、ISISをシリアから追い払う。それが終わったら、反体制派の四つの拠点を一つずつ奪還して、結局軍事的に領土を回復する気に違いありません。アサド政権側に、和平合意する気などまったくないのです」。

またジュネーブで話を聞いた、反体制派を支援していた当時のカタール政府幹部はこう話した。「我々はシリアですでに戦争に敗れました。これは間違いない事実です。でもこの敗戦は、シリア人にとって、とても不幸なことなのです」。

デミツラ特使の述懐

反体制派が停戦地帯に立てこもり、シリア政府軍がISISへの攻勢を強め支配地域を拡大するなか、はたして、シリア政府と反体制派との間で、暫定政府の樹立、新憲法の策定、公正で自由な選挙の実施など、国連安保理決議が求めるような体制移行が実現される可能性があるのか。二〇一七年九月のインタビューで、デミツラ特使にその点を問うた。

「たとえ現在、シリア政府側が支配地域を拡大しているとしても、今こそ、交渉を進めるべきときと考えています。なぜなら、もしこのまま政治的合意のないまま軍事的に紛争が終わっても、またISISと似たような勢力が出てきて、紛争が続いてしまう可能性が高いからです。また政治的合意がなければ、日本やEU、世界銀行などは、アサド政権に対して復興支援を始めることに否定的です。だからこそ、信頼できる何らかの政治的移行が、シリアの復興にとっては必要なのです」

これに対して私が、「アサド政権が本気で政治的移行を検討する兆候が見られないのではないか」とデミツラ特使に聞くと、彼は以下のように答えた。

「確かにそのとおりです。だからこそ、公式の場でもプライベートの場でも、真剣に政治的協議に取り組む必要があるとアサド大統領を説得しようとしています。これに対して彼は、『反体制派が割れている。そして反体制派はテロリストだ。だから交渉できない』と応じます。そのため私は現在、反体制派にも、一つにまとまるよう説得を続けています。一方アサド大統領は、本心では、どんな政治的交渉も彼の立場を弱くすると考えており、だからこそ、交渉には応じないほうがよいと考えています」

最後に私が、「結局この内戦は、アサド政権の軍事的勝利に終わる懸念はないか」と聞くと、彼はこう答えた。

「その懸念がないといえば、嘘《うそ》になります。ただ、このまま軍事的勝利で終わった場合、反政府武装勢力によるゲリラ戦がだらだらと続き、海外からの復興支援も一部の国からを除き受けることができず、戦後復興が進まない危険が十分にあります。だからこそ私は、確かに軍事的な勝利の可能性はあるけれども、そのような事態が起きないことを願い、政治的移行のための合意を求めています。それがなければ、非常に長期的で慢性的な病気に、シリアは悩まされることになるからです」

デミツラ特使の辞任

しかしISISとの戦闘をほぼ終えたアサド政権は、二〇一八年三月、まずダマスカス近くの停戦地帯である東ゴータに対して、「アルカイダと近いヌスラ戦線の一派が実効支配している」という理由で軍事作戦を敢行し、領土を奪還。その後も、一つ一つ、停戦地帯であるはずの反体制派の拠点を軍事的に制圧し、北部にあるイドリブ州だけが、最後の拠点として残された。二〇〇万人を超える住民を抱えるイドリブには、他の停戦地帯にいた反体制派の兵士や家族も多く流れこんでいる。再び、ロシアとトルコが協議を行い、イドリブ州については緩衝地帯を作り、ロシアとイラン、トルコが停戦監視ポストを作って停戦監視をすることで合意した。しかし、いつイドリブ州への全面的な軍事行動が始まるかわからない情勢が続いている。

アサド政権による軍事的制圧が続く一方、ジュネーブでの「シリア問対話」は、ほとんど進展が見られなかった。この状況のなかで、デミツラ特使は、二〇一八年一〇月、一身上の都合を理由として、特使の辞任を発表。しかし任期が切れるその年の終わりまで、国連決議で定められた体制移行の三つの柱（暫定政府の形成、新憲法制定、選挙の実施）のうち、新憲法制定に向けた憲法委員会を作ることに、最後の努力を傾けた。

この憲法委員会は総勢一五〇人、アサド政権が五〇人を任命し、反体制派が五〇人を任命、残りの五〇人は市民団体や女性代表も含め、国連が推薦することになった。しかし、国連が推薦する名簿を巡って、双方が対立。最終的に、デミツラ特使の任期中に憲法委員会を結成することすら、実現できなかった。もちろんその背景には、軍事的優勢を強めるなか、基本的に和平協議による政権移行にアサド政権が関心を持たないことがある。四年半に及ぶ懸命の調停は、「国際シリア支援グループ」の結成や、体制移行の骨格を定めた国連決議の採択、シリア間対話など、和平合意に向けたいくつかの取り組みにつながったものの、実際に和平合意を実現することはないまま、その任務を終えることになった。

シリアの教訓と今後の課題

ここまで見たように、八年近くに及ぶシリアの「和平交渉」の経緯は、周辺国やグローバルな大国が、「国連特使の和平調停努力を支持する」と表明しながら、実際にはそれぞれが紛争当事者を軍事的にも財政的にも支援しつづけるとき、いかに国連の和平調停の努力が無に帰してしまうかを、無惨にも示した例であった。他方、国連事務局側も、「国連無用論」の批判は避けたいと、関係国が本気でないことがわかっていても、仲介に踏み出してしまう。そして、内戦だけは継続されていくという、グローバルな大国や周辺国に国連が利用されてしまう「国連の濫用」とも言うべき状況に陥ったことを、まざまざと示したケースでもあった。

しかし、アサド政権が、軍事的な領土の回復を続けることで、シリアに持続的な平和がくるかは予断を許さない。二〇一九年一〇月現在、イドリブ州は、まだ反体制派の拠点として残っている。また米国の支援を受けて、ＩＳＩＳとの戦闘を繰り広げたクルド人勢力が、シリアの北部から東部にかけ、シリア全体の領土の四分の一から三分の一近くを実効支配している。一〇月に入り、トランプ大統領がこのクルド人地域からの米軍の撤収を発表。これを受けてトルコがシリア内部に侵攻し、国境から三〇キロメートル地帯までを安全地帯とした。このトルコに対抗するため、クルド人勢力はアサド政権に応援を要請、アサド政府軍がクルド人地区にも進出し、事態は流動化している。一方、シリアから軍事的に駆逐されたとされるISISも、元戦闘員やその家族への支援が進まないなか、復活の兆しを見せていると言われている。また西側の復興支援も始まらず、荒れ果てた国土の本格的な復興は、手つかずの状態である。そして、アサド政権が存続するなか、その圧政を恐れ、海外から本国に帰国できない難民が数百万人単位で存在する。

デミツラ氏の後任には、ノルウェーの国連大使などを務めたゲイル・ペダーセン氏が四代目の国連シリア特使に任命され、二〇一九年から活動を開始した。はたしてシリアは、このまま軍事的勝利の道を突き進むのか。そのとき、日本を含め、国際社会はアサド政権にどう対応するのか。シリアの「国際化した内戦」とその歴史は、二一世紀の国際社会の和平調停を巡る難しさと、そこに住む人々の復興への課題を、我々に突き付けている。

2　イラク内戦における米国と国連

それは超大国の軍事進攻で始まった

ここで取り上げるイラクは、シリアと異なり、国内の軍事紛争に外国が介入して国際化したものではなく、グローバルな大国である米国が、イラクに二〇〇三年に侵攻した後、イラクの国家再建に失敗し、内戦に突入したケースである。その意味では、「国家間の戦争から内戦に陥った」典型的な例と言えよう。そして、グローバルな大国の方針に、翻弄《ほんろう》されたケースでもある。

二〇〇三年三月、米国はイラクに大量破壊兵器があるというのを戦争の大義に、英国など一部の国とともにイラクへの軍事侵攻を開始した。その狙いは、イラクに独裁者として長く君臨するサダム・フセイン政権の打倒にあることは明らかであった。米軍とイラク正規軍の戦闘は短期間で終了し、同年五月、当時のブッシュ大統領は高らかに勝利宣言した。しかしこれは、一五年以上にわたる長い泥沼の介入の始まりにすぎなかった。

イラク戦争を始める前、米国と英国は、新たな国連安保理決議を採択して、イラクへの軍事侵攻に国連から承認を受けようとし、当時の安保理メンバーに大きな圧力をかけた。しか

【イラク関連略年表】

2003	米軍によるイラク侵攻．フセイン政権打倒
2004	米国がイラクに主権返還．イラク暫定選挙管理内閣が発足
2005	最初の国会議員選挙
	新憲法の採択
	２度目の国会議員選挙
2006	マリキ政権発足
	この頃より内戦状態
2007	米軍，「イラク覚醒評議会」を各地に設置
2011	治安の向上に伴い，米軍がイラクから撤退
2012	ISISがイラクでも台頭
2014	マリキ首相辞任，アバディ首相選出
	イラク軍，米軍やイラン兵とともにISISと戦う
2017	アバディ首相，ISISへの勝利宣言
2018	国会議員選挙
	マハディ首相選出

し、「核兵器や化学兵器、生物兵器をまだイラク政府は隠し持っている」という米国の主張に対して、一五か国の安保理メンバーの多くが疑問を提示した。結局、安保理決議採択に必要な九か国以上の賛成を得られないと判断した米国は、国連の決議なしにイラク戦争を始める決断をする。後にアナン国連事務総長が「イラク戦争は国際法違反」と述べた大きな理由はここにあった。そして米軍がイラクを占領した後、大量破壊兵器を探しつづけたが見つからず、米軍自らがそのことを認めたのである。米軍の軍事侵攻を承認しなかった国連安保理の判断は正しかったことが、後に証明される形となった。

フセイン政権を倒した後、米軍を中心とする占領軍による占領統治が始まったが、まず行ったのが、フセイン政権下で国家を運営していた「バース党」の解体だった。この結果、国を運営してきた多くの官僚が解雇された。そのためイラクでは、電気や水道など、市民の基本的なサービスを供給することが難しくなった。次に占領軍は、イラクの治安を維持していた「イラク国軍」も解体、四〇万人近い軍人が一気に職を失った。バース党もイラク国軍も、フセイン大統領がスンニ派出身だったこともあり、スンニ派が大きな権限を持っていた。そのため、米軍によるイラクの「平和構築」は、まさに、イラクの人口の二〇パーセント程度を占めるスンニ派に対する「政治的な排除」から始まったとも言える。

こうしてバース党やイラク国軍から排除された人々が中心となり、米軍を中心とする占領軍への攻撃が、二〇〇四年夏から激しさを増し、イラクは政治的にも治安上も、混沌とした状況に陥っていく。

米軍の占領計画と国連事務所爆破

二〇〇三年の侵攻後、イラク占領当局のトップに任命されたのは、米国のテロ対策の専門家だったポール・ブレマー氏だった。占領当局のナンバー1である「イラク暫定行政当局・行政官」に就任したブレマー氏は、バース党の解体や、その党員の政府機関からの排除、イラク国軍の解体などを次々と実行していった。

また二〇〇三年五月には、米国の提案により、国連安保理決議一四八三が採択される。その決議では、イラクにおける新国家建設の責任と権限は、「暫定行政当局」にあることが明記され、国連の政治的な役割は曖昧《あいまい》にされた。実質的には、国連の役割は人道支援や復興支援などに限定されたのである。これは冷戦後の「平和構築」（国家建設）活動において、国連の政治的な役割を極めて制限した最初のものであった。他方、国連をイラクの復興に参加させることで、米国はその占領政策に国際的な正統性を得ようとした。その意味で、グローバルな大国による「国連の濫用」の最初の顕著なケースともいえる。

当時のブッシュ政権は、ネオコンと呼ばれる人たちが中核を占めていた。彼らは「国連無用論」と同時に、米国の軍事力を使い独裁国家を倒すことは、米国にとっても、独裁に苦しむその国の市民にとっても、またその地域や世界にとってもよい、という楽観論を持っていた。つまりイラクにおけるネオコンの占領政策は、国連の役割を限定し、これまでフセイン政権の中心にいたスンニ派を排除することが、その主目的になっていたのである。

ブレマー氏が後に出した回顧録によれば、ブレマー行政官は、二〇〇三年六月にイラクの国家再建計画を米国の国防総省に伝えており、その内容は「今後一年間のうちに、暫定行政当局の占領下で憲法を策定し、選挙を行い、イラク新政府を形成する。野心的な案だが、きっと達成できる」というもので、ブレマー行政官はその計画に自信を持っていた。しかしこれを知ったイラクの各勢力は、米国による新たな植民地支配だと猛反発。米軍に対する攻撃は日に日に激しさを増していった。

そんななか、二〇〇三年八月一九日に、世界を揺るがす事件が起きる。イラクの復興を手伝うために設立された国連イラク事務所に対して、一〇〇〇キログラムの爆弾を積んだトラックが自爆攻撃を敢行。国連イラク支援ミッション（UNAMI）のトップだったセルジオ・デメロ国連イラク特使を含め二二人の国連職員が殺害されたのである。その創設以来、国連にとって最大の悲劇であった。

アナン国連事務総長の米国への挑戦

この攻撃を受けて、当時のアナン国連事務総長は、米国のイラク占領政策に異論を唱えはじめた（写真4－4）。その背景には、「米国の占領政策に荷担する国連は、イラク人の目から見て、米国と同じものと見なされている」というイラク国連事務所のサリム・ローン報道官からの報告があった。アナン事務総長は、国連には「平和構築」における独自の役割があるとして、米国の占領政策と鋭く対峙《たいじ》する道を選んでいく。これは、国連職員から選出された最初の国連事務総長だったアナン氏による、「これ以上の国連の濫用は許さない」という米国への挑戦であった。

まず国連イラク事務所の爆破から二五日後の九月一三日、ジュネーブに安保理常任理事国（米国、ロシア、英国、フランス、中国）の外相五人を招き、国連としての新たなイラク復興への提言を伝えた。この会議に出席したある外交官のメモによれば、ここでアナン事務総長は、「占領はイラクにおいて人気がありません。我々国連としては、少しでも早く主権を占領当局からイラクの暫定政府に返還すべきだと考えます。そしてその暫定政府が憲法を制定し、選挙を実施して、正式なイラク新政府を樹立していくべきです。その暫定政府を国連は最大限支援する用意があります」と述べ、米国によるイラク国連政策の根本的な変更を求めた。そして、新たな安保理決議を目指していた米国を次のように牽制した。

写真4－4　アナン国連事務総長（2003年9月22日）
出所：AFP＝時事.

「五月に採択された決議一四八三は、国連を非常に苦しい立場に追い込み、デメロ国連代表は、役割を果たせませんでした。もう過ちを繰り返すことはできません。今度こそ正しい決議を採択すべきです。なぜなら、悪い決議は、人々の命を奪うからです」。国連事務総長が、国連史上、最も激しい言葉を米国に投げかけた瞬間だった。そこには、デメロ氏を始めとする多くの国連職員を死に追いやってしまったという、アナン氏の深い自責の念があった。

当初からイラク開戦に反対していたフランスやドイツ（二〇〇三年当時、非常任理事国）は、この提案に歓迎の意を示した。しかし米国のパウエル国務長官は、「拙速な主権の返還はかえって治安を悪化させる」と慎重な姿勢を示し、本国に戻って検討すると伝えた。

三週間後の一〇月二日。新たな国連安保理決議の案が、米国からアナン事務総長に示された。しかしそこには、アナン事務総長の提案は一顧だにされていなかった。アナン氏は、その日予定されていた安保理メンバー一五か国が集まる昼食会において、普段の温厚な話し方ではなく、厳しい口調で、米国の占領政策を批判した。

「もし占領当局が、国連事務局や他の国の意見を聞かずに、イラクを自らの手で建設すると言いつづけるのなら、非常に大きな負担を背負うことになるでしょう。国連は占領軍の下でイラクの建設を支援することはできません。政治的な役割を担うのは、占領当局なのか、国連なのか、決めなければなりません。我々は占領当局を助けるためだけに、国連職員の命を危険にさらすことはできないのです」

血のラマダンと米国の政策変更

国連事務総長が、このように超大国である米国に真っ向から異論を唱えたのは、かつてないことだった。この事実が日本も含め世界に報道されたとき、当時まだＮＨＫのディレクターだった私は、アナン氏の歴史的な挑戦を取材し、番組を作りたいと考えた。別の番組の取材でニューヨークに行った際、アナン国連事務総長の首席広報官に会い、その旨を伝えると、三日後に、「アナン氏自身とも話した。全面的に協力する」という返事が来た。私はそれを受けてＮＨＫ本部で提案を通し、当時の藤澤秀敏ＮＨＫアメリカ総局長を始めとするＮＨＫスタッフとともに、ニューヨークでアナン氏など国連幹部や、米国、ドイツ、フランスなどの国連大使などを密着取材することになった（この取材の結果は、二〇〇四年四月一八日に、ＮＨＫスペシャル『イラク復興　国連の苦闘』として放映された）。

アナン事務総長にＮＨＫとして単独インタビューした際、二〇〇三年一〇月二日の昼食会における発言について聞くと彼はこう答えた。「私は確かに、それまで米国と非常に友好的な関係を維持してきました。しかし、正直に、かつ率直に話さなければならないときがあるのも事実です。率直に語ることが唯一、現実を変え、現実をよくする道だからです。そして確かにあのときは、イラク再建を巡る重要な局面でした。私たちは将来に向けた方針を決定すべきときに来ていたのです」。

しかし米国は、アナン氏の提案を無視する形で、二〇〇三年一〇月、国連安保理決議を採択する。アナン事務総長に賛同していたフランスやドイツも、米国の圧力に屈し、結局この決議の賛成に回る。アナン氏の懸命の努力も無に帰すかに思われた。

だが、イラクの現地情勢が、米国の占領政策の実現を許さなかった。その翌月の一一月、イスラム教の断食月《だんじき》であるラマダンに、イラクの反米武装勢力による一斉攻撃が開始された。これは「血のラマダン」と呼ばれ、イラクにおいて組織的な軍事行動が始まったことを示していた。そして米兵の死者も急増した。

「血のラマダン」を受けて、占領当局のブレマー行政官と米国政府はアナン氏の提案を一部受け入れ、「二〇〇四年六月末にイラクの主権を返還し、暫定政府を樹立する。そのイラク暫定政府が、新憲法の制定や選挙の実施を行う」と発表した。この方針転換について当時の米国国連大使だったネグロポンテ氏に聞くと、次のように語った。

「アナン事務総長は、我々米国に対して、「もし仮に米国が、憲法の制定や選挙の実施まで占領を続けるのならば、二年も三年も四年も占領を続けなければならないかもしれません。本当に米国は、そんなに長く占領を続ける気があるのですか」と指摘したのです。結局このアナン事務総長の論理が、最終的に我々にとって最も説得力があったと考えています」

暫定政府樹立と国連

しかしこの時点でブレマー行政官は、米国が二五人全てのメンバーを指名した「イラク暫定統治評議会」と米国が、新たな暫定政府のメンバーを指名する形にすることで、暫定政府の選出を米国主導で行おうと考えていた。それを「ブレマー新提案」と掲げ、イラク各勢力に提示した。これに、イラクの各政治勢力は一斉に反発した。特にイラクの人口の七〇パーセントを占めるシーア派の政治勢力は、選挙を実施することで暫定政府を作るべきだと強く主張した。イラクにおけるシーア派の最高宗教指導者であるシスターニ師も、「ブレマー新提案」を押しつけるかぎり、占領当局には協力できないと声明を発表した。ブレマー行政官は何度もシスターニ師との面会を申し入れたが、一度も会えない状況だった。

そんななか、シスターニ師の意向を受けて、暫定統治評議会のメンバーで、シーア派のリーダーだったアルハキム氏が、ブレマー行政官に黙ったまま、アナン事務総長へ手紙を送った。その手紙には、「ブレマー案ではなく、直接選挙で暫定政府を作りたい。そのために、国連に選挙が可能かどうかを調査する専門チームを派遣してほしい。また選挙の実施についても国連に協力してほしい」という内容が記されていた。つまり米国によって任命されたイラク暫定統治評議会のメンバーが、米国ではなく国連に選挙を主導してほしいと、直接アナン事務総長に依頼したのだった。

この事実は、「国家再建や平和構築の段階では、国連に「公正な第三者」としての比較優位がある」ことを示す、一つの重要な事例だと私は考えている。シーア派は、特段、国連を好んでいるわけではなく、あくまで、自由で公正な選挙さえ実施すれば、国内人口の七〇パーセントを占めるシーア派が勝利する可能性が極めて高いと考えていた。そして、自由で公正な選挙を実施するためには、米国よりも国連に頼ったほうがよいと考えたのである。ここに、アナン事務総長がその後の論文で訴えた「国連の固有の正統性」があると言えよう。

このアルハキム氏の要請を受けて、年が改まって二〇〇四年一月一九日、ニューヨークの国連本部で、国連、イラク暫定統治評議会、そして米国を代表するブレマー行政官による三者会談が開催された。イラク暫定統治評議会は、シーア派、スンニ派、クルド人の主な三つの勢力がそれぞれ別の代表団を組織し、会議に参加した。

三者会談に先立って行われた、ブレマー行政官とアナン国連事務総長の会談で、米国の驚くべき方針が示された。それまで、国連の役割に懐疑的な立場を取りつづけてきたブッシュ政権が、突然、「イラクの選挙に向けて中心的な役割を果たしてほしい」と国連に依頼したのだ。ブレマー行政官は次のように述べた。「シーア派のシスターニ師は、我々と異なり、直接選挙を望んでいます。選挙ができるかどうか国連が判断してくれた場合のみ、シスターニ師は納得すると思います。今でも本当は、私の案で暫定政府を選出したいと考えています。しかし、もし国連が選挙の計画、監視、実施の方法を示してくれるのであれば、国連にお任せしたいと考えています。そのために、国連に選挙調査団の派遣をお願いしたいのです」

これに対してアナン氏は、「シスターニ師の不満をなだめるためだけに、国連がイラクに戻ることはできません。もし国連が調査をし、米国に代わる案を提示し、あなた方がそれを受け入れるならば、調査団の派遣を検討します」と応じた。

これを、ブレマー氏は文句なく受け入れた。ブレマー氏は、イラク各勢力、特にシスターニ師を始めとするシーア派の制御がまったくできない状況に陥っていた。シーア派は直接選挙を求めて連日大規模なデモを行い、要求が通らなければゼネラル・ストライキを行うと主張していた。こうした事態のなか、米国は、国連に政治的な役割を担うことを依頼せざるを得ない状況に追い込まれていたのだった。

写真4－5　ブラヒミ国連イラク特使（2005年4月1日）
出所：読売新聞社.

ブラヒミ特使を任命

その後の三者会談でも、イラク暫定統治評議会は、ブレマー氏の案ではイラク各派はまとまらないと次々と訴え、アナン事務総長は、国連として選挙調査団の派遣を検討するとイラク各派とブレマー氏に伝えた。

この三者会談を受けてアナン氏は、アラブ諸国の首脳と電話一本で話ができ、「国連の問題解決人」(トラブルシューター)と呼ばれていたブラヒミ氏を国連イラク特使に任命した(写真4-5)。ブラヒミ氏は、すでに述べたように、国連アフガン支援ミッション(UNAMA)の初代代表を務め、後に、国連シリア特使なども務める、国連を代表する調停者であった。

翌月、ブラヒミ特使が率いる国連選挙調査団は、シスターニ師と二時間に及ぶ会談を行った。またイラク各層の重要人物、数百人と面会し、報告書を発表した。

その報告書では、「ブレマー案による暫定政府の選出は、イラク人の反対が多く不可能である」と明記された。その上で「二〇〇四年六月の主権の返還にあたり、まずイラクの選挙管理内閣を樹立する。その選挙管理内閣の下、二〇〇五年一月に選挙を実施して、暫定政府を樹立。その暫定政府の下で、新たな憲法を採択し、二〇〇五年一二月にも再度選挙を実施して、新たな憲法に基づく正式なイラク政府を作る」という移行計画を提案した。

私は、ちょうどこの報告書が出された直後の二〇〇三年三月、ブラヒミ特使にNHKの番組のためにインタビューする機会を得た。彼は穏やかな表情で次のように語った。

「戦争で国を破壊することはたやすいことです。しかし破壊した国を再建するのは簡単にはできません。実際、壊すことよりも、再建するほうがずっと難しいのです。そして不幸にも、国連は事態が悪化してどうしようもなくなったときにはじめて、助けを求められます。ですから我々は、非常に困難な状況で仕事をすることになります。そんななかで我々にできるのは、とにかく最善を尽くすことだけです」

またブラヒミ氏は、紛争後の国家再建に携わる上で常に自らに戒めていることを語った。

「国連も含め国際社会は、つい傲慢《ごうまん》になる誘惑にかられるものです。現地に赴き、現地の人たちに対して「あなたたちより、私たちのほうがどうすべきか知っている」とふるまってしまう誘惑です。しかし私は、そんな態度は取りません。どんな場所に行っても、現地の人たちこそが、何が最も大事なことかをわかっています。それを実現するために努力するのが我々国連の役割です。我々のやり方を、現地の人たちに押し付けてはいけないのです」

このブラヒミ氏とアナン氏による国連の提案を、米国もイラク暫定統治評議会も受け入れた。そして、イラクの新たな政府の樹立に向けて、選挙管理内閣の発足、選挙の実施や、憲法の制定などについて、国連が中心的な役割を果たすことが決まったのである。

二度の選挙と内戦への突入

ブラヒミ特使は、その後もイラクに通いつづけた。二〇〇四年六月末、米国はイラクに主権を返還。選挙管理内閣が正式に発足し、シーア派や、スンニ派など宗派にこだわらず、世俗的な政府樹立の重要性を主張していたアラウィ氏が、初代の首相となった。このアラウィ氏の就任と選挙管理内閣の発足には、ブラヒミ特使がイラク各派を調停し、その設立に向けて中心的な役割を担った。

その後、二〇〇五年一月に最初の選挙が実施され、イラク暫定政府が樹立される。そして同年一〇月に憲法草案についての国民投票を経て新憲法が採択され、二か月後には新憲法の下で選挙が実施された。翌二〇〇六年に選挙の結果が確定され、シーア派のマリキ氏が首相に選出、新憲法下の新たなイラク政府が樹立された。こうした選挙の実施や憲法採択の国民投票でも、国連が技術的な支援を一貫して行った。

このように、イラクにおける国家再建プロセス（「平和構築」プロセス）においては、国連のブラヒミ特使やアナン事務総長が作ったロードマップ（行程案）が、ほぼそのまま踏襲され、新たな政府が樹立された。国際的にもあまり認識されていないが、国連が関与せず、米国の占領統治だけではイラクの新国家建設は不可能だったのである。この歴史的な経験は、「平和構築」のプロセスにおいて、国連が超大国に比べて「公正な第三者」として比較優位を持っていることを立証している面があると私は考えている。

しかし他方で、イラクの治安情勢は悪化の一途を辿っていく。図4-3は、二〇〇三年から二〇一八年までのイラクにおける民間人の死者数の推移である。これを見れば明らかなよ

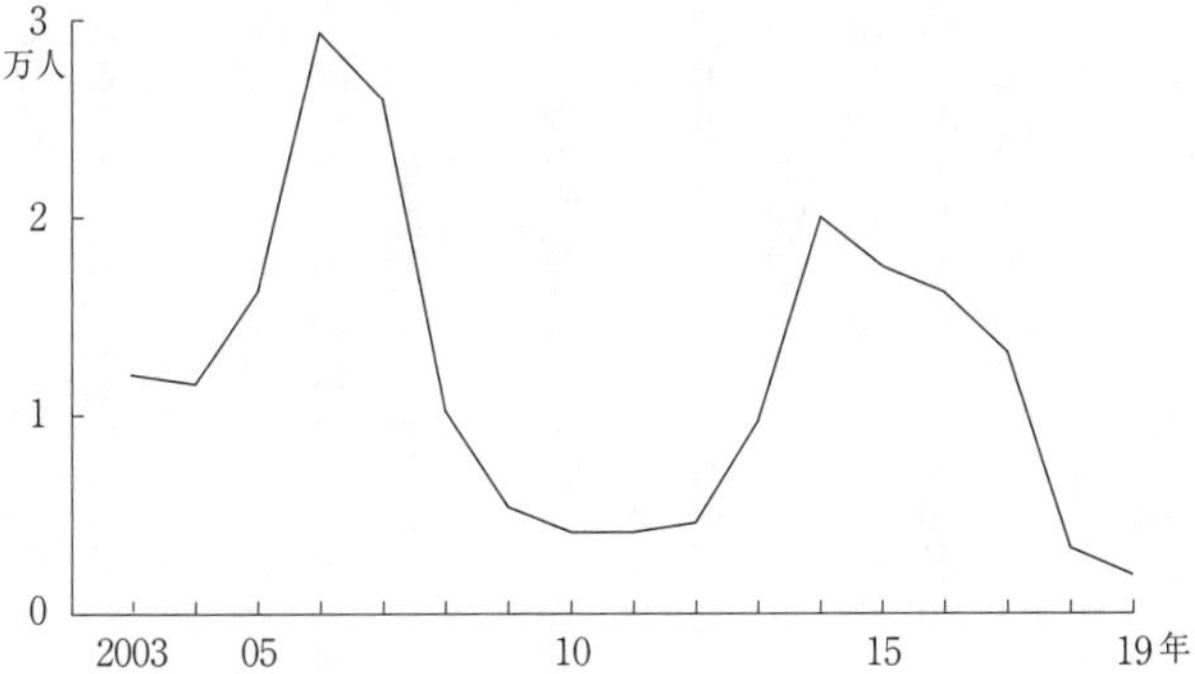

図4－3　イラクの民間人死者数の推移
出所：Iraq Body Count（https://www.iraqbodycount.org/database/）より著者作成.

うに、シーア派、スンニ派、クルド人など各派の宗派対立と、反政府武装勢力とイラク政府、それを支援する米軍の戦闘により、二〇〇六年には、一年間の死者数は三万人を超えた。イラクはこのころ、完全に内戦状態に突入した。

この事態をどう見るべきか。第2章4節で紹介した、「平和構築」において重要な四要素（①国連の役割、②包摂的な政治プロセス、③人々の生活やサービスの向上〔平和の配当〕、④強制力〔警察や軍〕の整備）のうち、①国連の仲介と支援により、確かにイラク新政府樹立までの政治プロセスは実現した。つまり選挙管理内閣の発足、選挙の実施、憲法の制定、そして新政府樹立などのプロセスである。しかし、治安をよくするためには、もう一つの重要な要素である②の包摂的な政治プロセスが必要であった。しかしスンニ派の排除を目的とした占領統治から始まったイラクの国家再建は、その後シーア派が選挙に勝利し実権を握ったこともあり、包摂的な政治プロセスがずっと実現できない状況だった。そして、排除されたスンニ派を中心とした反政府武装勢力と、政府軍および米軍による血みどろの内戦が繰り広げられ、イラクは完全に統治不能なカオス状態に陥ったのである。それは、グローバルな大国による占領統治と、その後の政治的排除による失敗が、いかに深刻な内戦と悲劇を招くかを、象徴的に示している。

イラク覚醒評議会と劇的な治安の改善

この事態を受けて、米軍は二〇〇七年一月以降、それまでイラクに駐留していた一三万人の米軍に加えて三万人を新たに増派する。しかし治安の改善は見られなかった。ここで当時のイラク駐留米軍のトップだったペトロレス司令官は、「スンニ派と和解し、彼らを国家建設に取り込む以外に、この事態を改善する方法はない」と考えた。陸軍士官学校を優秀な成績で卒業した後、米国の名門、プリンストン大学で国際関係論の博士号も取得したペトロレス氏は、教条的な考えにとらわれず、柔軟な思考ができる司令官だった。

ペトロレス司令官は、イラク全土に「イラク覚醒評議会」という組織を立ち上げ、そこにスンニ派の反政府武装勢力を中心として多くの反政府組織が参加するように促していった。

「イラク覚醒評議会」に参加すると、イラク政府や米軍への攻撃を中止する一方、一人あたり月額三〇〇ドルとも言われる給料を得られるようにする枠組みだった。「イラク覚醒評議会」の設置は、スンニ派の反政府武装勢力との戦闘を停止し、政府との和解を促すことを目的にしていた。

この呼びかけに応じて、イラク全土で実に、一〇万人以上の反政府武装勢力の兵士や部隊が「覚醒評議会」に参加し、イラク政府軍や米軍との戦闘を停止した。このことで、二〇〇八年以降、イラクの治安は急激に改善する。図４－３は、二〇〇八年から二〇一一年にかけて、イラク全土で治安が劇的に回復したことを示している。これが、二〇一一年末に米軍がイラクから撤退する背景となった。オバマ大統領は、一万人程度の米軍の駐留継続を求めたが、イラク政府が強硬に反対し、最終的に全ての部隊を撤退する決断をした。「イラク覚醒評議会」の設立と、スンニ派の参加により、包摂的な国家建設プロセスが可能になり、そのことで、いったんはイラクの治安は回復したかに見えたのだった。

このことは、グローバルな大国が思い切った和解への道を取ったとき、国内の治安と安定が劇的に回復する場合があることを、端的に示している。これは、イラクの第二の教訓と言える。

スンニ派の排除再開とＩＳＩＳの台頭

一度は平和な国へと歩みだしたかに見えたイラク。しかし二〇一一年末に米軍が撤退した後、二〇〇六年から政権を担ってきたマリキ首相が、スンニ派を代表する政治家だったハシミ副大統領を国家反逆罪の罪で逮捕しようとし、後に国外追放した。また財務大臣など、多くのスンニ派の閣僚も解任した。さらに一〇万人を超える覚醒評議会のメンバーに対する給与の支払いも停止した。こうした措置により、スンニ派の人たちの政府への不信感と怒りが再び高まり、それにつけ込む形で、二〇一一年以降、内戦状態になったシリア側で力を拡大したイスラム国（ＩＳＩＳ）が、主にスンニ派の地域に攻め込み、実効支配地域を広げていった。そのため、米軍が撤退してからわずか二年で、イラクの三分の一がＩＳＩＳに実効支配され、首都バグダッドから数十キロメートルのファルージャなどもＩＳＩＳの手に渡り、「あわやバグダッド陥落か」と国際社会に驚愕を与えた。

米国は、このＩＳＩＳの脅威を受け、再びイラクに米軍を派遣する。そしてオバマ大統領はイラクに対して、スンニ派とも共存する、包摂的な政府が必要だと再三要請した。こうした圧力のなかで、二〇一四年、マリキ首相は退陣に追い込まれ、宗派対立を超えてＩＳＩＳとの戦闘に臨むことを掲げたアバディ氏が同年九月に首相に選出された。

ISISに対する勝利とその後の動き

ＩＳＩＳとの戦いのために、二〇〇五年以降、シーア派中心のイラク政府の最大の同盟国となったイランが、多くの部隊をイラクに送り込んだ。またイラクのなかでも、イラク人による多くの義勇軍が結成され、ＩＳＩＳとの戦いに参加した。こうして、イラク政府軍、イラク義勇軍、イラン軍、そして米軍がＩＳＩＳと激しい戦いを行い、イラクは新たな「国際化した内戦」に突入した。二〇一七年七月には、イラク北部の最大都市、モスルをイラク政府軍がＩＳＩＳから奪還。同年一二月、アバディ首相は「ＩＳＩＳとの戦いに勝利した」と宣言した。

この「ＩＳＩＳ後のイラクの平和構築」について、日本が知的貢献を行うという目的で、私は、河野太郎外務大臣の委嘱による公務派遣で、二〇一八年二月にイラクを訪問する機会に恵まれた。イラク政府直属のアルナハライン戦略センターで基調講演を行うとともに、元首相でその後、シーア派を代表する副大統領に就任したマリキ氏、スンニ派を代表する副大統領であるヌジャイフィー氏、やはり元首相で、世俗派を代表するアラウィ氏、クルド派の政党の代表であるタラバニ氏（タラバニ元大統領の息女）などに、それぞれ一時間面会し、イラクの「平和構築」の課題について議論した。

最初に会ったマリキ副大統領にはまず、二〇〇六年から一四年までの在任中、何を優先事

写真４－６　マリキ副大統領
(2018年２月18日)

項にしていたのかを聞いた（写真４－６）。マリキ氏は、「私が首相に就任した当時、シーア派とスンニ派の宗派対立は、非常に激しいものでした。自分はシーア派出身ですが、スンニ派ともクルド人とも対話をして和解に努めました。またいろいろな政府サービスや公共事業を行い、住民の暮らしを改善するように努めました。さらに、法の支配が行きわたるよう最善を尽くしました。和解、公共事業、法の支配の三つが私の政策の柱でした」。

私はそれに対し、「二〇一一年末に米軍が撤退した後、マリキ政権がスンニ派の政治家を排除し、覚醒評議会への支援をストップしたことがＩＳＩＳの拡大につながったという批判があるが、どう思うか？」と聞いた。これに対しマリキ氏は、「追放したハシミ副大統領はテロリストであり、彼を追放したことがＩＳＩＳの拡張につながったというのは、米国がその失敗を私のせいにしようとするプロパガンダです。また覚醒評議会のメンバーの二割はイラク国軍に吸収しました」と述べた。ただこのことは、覚醒評議会のメンバー一〇万人のうち、国軍に吸収されたのは二万人にすぎず、残りは置き去りにされたことも物語っている。

これに対して、スンニ派の政党連合「イラクの決定」の代表を務めるヌジャイフィー副大統領は、真っ向から反論した（写真4－7）。「まさに二〇一二年以降、マリキ政権が、スンニ派の政治家を数十人も逮捕・追放し、覚醒評議会のメンバーへの支援をストップしたことが、スンニ派の一部が過激化し、ISISの台頭を許した最大の原因です。だからこそ、宗派第一主義と数による政治に終止符を打ち、和解を成し遂げ、政策や綱領によって政党間が競争する政治に生まれ変わらなければ、再びイラクは宗派対立と内戦に戻ってしまうでしょう」と悲痛な表情で話した。

写真4－7　ヌジャイフィー副大統領（2018年2月20日）

同じように、宗派対立を超えた国民政党をつくる必要性を訴えたのが、二〇〇四年に暫定首相も務めたアラウィ副大統領だった。「私は、スンニ派もシーア派もクルド人もない真の国民政党をつくり、政権を担おうとしています。誰がどの宗派かなんて気にしない政党と政治をつくるのが私の目標ですし、それでしかイラクに平和は来ないのです」とアラウィ副大統領は強調した。実際、彼自身はシーア派だが、彼が率いる政党連合「ワタニーヤ」はスンニ派が主な幹部を占め、あらゆる宗派の人たちが参加していた（写真４－８）。

図４－８　アラウィ副大統領（2018年２月19日）

二〇一八年の国政選挙と政治情勢

私がイラクを訪問した三か月後の二〇一八年五月、イラクで定員三二九の国会議員の議席を争う総選挙が行われた。その結果、シーア派の宗教指導者であるサドル師が実質上のリーダーを務める政党連合「サイルーン」が、五四議席と最も多い議席数を獲得。また、ISISとの戦闘が本格化した後、政界を一時離れ、イラク民兵組織を率いてISISとの戦闘で大きな成果を収めたアミリ元運輸相が作った政党連合「ファタハ」が四八議席と第二勢力に躍り出た。他方、二〇一四年から首相を務め、一七年末にISISへの勝利を宣言したアバディ首相が率いる政党連合「勝利連合」は四二議席を獲得。これに続きマリキ氏率いる政党連合「法の支配」が二五議席を獲得した。

その後、激しい連立工作が繰り広げられた。サドル師はアバディ元首相と連携して作った「変革」という政党連合体（日本の国会会派に似ている）を形成。これに対して、アミリ元運輸相とマリキ氏は、「建設」という政党連合体を作って対抗した。ともにシーア派の勢力を中心とする「変革」と「建設」のどちらが首相を輩出するのか注目されたが、双方の対立悪化を望まなかったシーア派の宗教指導者シスターニ師が、「これまでの指導者ではない人を首相に」と声明を発表。これを受けて、「変革」と「建設」の双方が支持できる、二〇〇五年から二〇一一年まで副大統領を務め、元共産党員で、かつイランにも亡命したことがあるマハディ氏が、国会の支持を得て二〇一八年一〇月に首相に任命された。強い指導者ではないが、「変革」と「建設」の双方から拒絶されない指導者として白羽の矢が立ったのだ。

写真4－9　アバディ元首相
（2019年2月19日）

私は、二〇一九年二月、ふたたび公務派遣でイラクを訪問した。バグダッド大学で講演して教授や学生たちと議論し、再度、副大統領のマリキ氏、アラウィ氏、そして二〇一八年一〇月まで首相だったアバディ元首相などと、それぞれ一時間以上、議論をした（写真4－9）。

アバディ元首相は、自ら遂行したＩＳＩＳとの戦いについて次のように主張した。「ＩＳＩＳに勝利するためには、スンニ派の人たちの政府への不信感をどう払拭《ふっしょく》するかが鍵でした。

私はまず、スンニ派の人たちが住む地域への爆撃を止めるよう指示しました。それは、ISISとの戦闘において不利益があるとわかっていましたが、スンニ派の人々の理解と支持を得ることが一番大事だと思ったのです。そして、スンニ派の政治指導者や宗教指導者ともなるべく多く会って、ともにISISと戦う機運を作るために最善を尽くしました」。

実はアバディ氏は、二〇一八年の選挙の後、最大政党を率いるサドル師から「純粋なテクノクラート政権を作るのであれば、再び首相を任せたい」との提案を受けたが断った。この提案を断ったことで、アバディ首相の政党からは二〇人近くが離脱し、彼は少数政党の代表になってしまっていた。サドル師の提案を断った理由について聞くと、アバディ氏は微笑しつつ「サドル師からは、「政党や国会議員に頼らないテクノクラート内閣を作りたい」という提案を受けました。しかし、政党や国会議員をほとんど無視して内閣を構成したら、それはもう民主主義とは呼べない。それは越えられない一線だと思い、私はその提案を断ったのです」と語った。

最後に今後のイラクの国民和解の課題について聞くと、彼は、表情を厳しくして、まだ楽観できないとした。「実は、私たちアラブ人のなかには、オスマン帝国に代表されるように、「以前は世界の中心だったのに、なぜ今、こんな貧困や失業、治安の悪さなどに苦しむのか。やはり昔のカリフの体制を取り戻すしかないのだ」と安易に考えてしまう土壌があるのです。

ＩＳＩＳはそれに付け込んできました。これを解消するには、国を安定させ、人々の暮らしを豊かで安全なものにするしかありません」。

イラクの今後と課題

二〇一九年二月のイラク訪問では、「シーア派とスンニ派の政権争いは、少なくとも表面上はなくなった」と多くの研究者や専門家、そして政治家が語っていた。シーア派が、「建設」と「変革」に分かれ、その双方にスンニ派やクルド人の政党も連携して、シーア派が割れたこと。また、マハディ首相が、いろいろな宗派の国会議員を閣僚に任命し、国民和解に努めていると多くの国民から見られていたことなどが、その背景にあった。政治分析を仕事にしている、まだ二〇代のあるイラクの若い専門家は、「生まれてはじめて、私は今、イラクの将来に希望を持っています」と語ってくれた。

しかしその半年後、イラク各地で、シーア派、スンニ派を問わず多くの一般市民が、失業率の高さや、電気や水道など政府サービスの欠如、そして政治家の腐敗に抗議する激しいデモを開始した。警察はこれを実弾で押さえ込もうとし、四〇〇人もの犠牲者を出すに至っている。まさに「平和構築」にとって重要な三番目の要素、③「人々の生活やサービスの向上」の行き詰まりが、イラクの国家再建を揺るがしているのだ。その意味で、イラクの平和づくりもまだまったく予断を許さない。二〇一九年一一月、マハディ首相は辞任を表明した。

二〇〇三年の米軍の侵攻以来、これまでの内戦で、イラクでは合計五〇万人もの戦闘員や民間人が亡くなったと推定されている。その意味で米国の侵攻は、まさにイラクにとって苦難の歴史の始まりとなった。その後の米国主導の国家再建と挫折、国連による政権移行や選挙の実施、内戦突入やISISとの戦いなどは、グローバルな大国が、内戦の解決において、いかに大きな罪と責任を持っているかを如実に示している。そしてまた、内戦を克服し、持続的な平和を築くことがいかに難しいかを、私たちに教えている。

第4章のまとめ

シリアとイラクの内戦は、きっかけこそ異なるものの、国内の紛争当事者の戦闘に、グローバルな大国や周辺国が介入し、「国際化した内戦」になったものである。シリアにおいては、三代にわたる国連シリア特使が、懸命の和平調停活動を行ったものの、グローバルな大国と周辺国が、シリア内部の紛争当事者への軍事的・財政的支援を続けて内戦が拡大し、典型的な「国連の濫用」とも言うべき事態になった。またイラクでは、グローバルな大国である米国が、当初国家再建の主導権を握り、国連に政治的な役割を与えずに、その正統性だけを利用しようとする、まさに「国連の濫用」の最初のケースともいえる状況に陥った。しかし、当時のアナン事務総長をはじめ国連事務局は、その米国の政策を批判し、真っ向から代替案を掲げ対抗した。その結果、米国が国連に、イラク暫定政府をつくる調停や選挙の支援を委ねることになった。その後、国連の調停で、暫定政府や選挙の実施は実現できたものの、スンニ派の排除という米国の占領政策の失敗から内戦に突入。米軍の和解への取り組みで治安が一時改善されたが、米軍の撤退後、シーア派政権によるスンニ派に対する排除が再開され、再び内戦に戻ってしまった。

こうした事例は、紛争を停止し、持続的な平和を構築するには、グローバルな大国や周辺国が一致団結して行動をとることが、いかに重要であるかを浮き彫りにしている。またグローバルな大国や周辺国の協力なしには、国連の調停がいかに無力かも、同時に明らかにしている。

第5章

国連に紛争解決の力はあるか

国連PKO（国連警察）のキャンプ
（東ティモール，2008年11月12日）

これまでの章では、周辺国やグローバルな大国が、紛争当事者を軍事的にも財政的にも支援しながら、表面的に平和に向けて努力していることをアピールするために国連を利用する「国連の濫用」リスクや、実際には役割を果たせないと知りつつ、国連無用論を回避するために、国連特使が仲介だけは続ける「国連の罠」の危険など、国連にとって厳しい現実についても述べてきた。

では国連は、内戦や軍事紛争の解決のために力を発揮できないのか。私は、国連安保理メンバー、周辺国やグローバルな大国、そして国連加盟国全体が一致団結して内戦を止めようと努力し、その努力の一環として国連を活用するのであれば、国連は、国家が単独でできない多くのことを成し遂げられるし、実際に永続的な平和を実現することに貢献していると考えている。この章では、そうした国連が果たした（もしくは果たしている）役割と、その現代的な課題について見ていきたい。

1 国連無用論を超えて

「三つの国連」

国連の有効性を考える際、そもそも「国連」とは何を指すのかについて、共通認識を持つことが大事だと思う。国連研究の世界的な権威で、ニューヨーク市立大学のトーマス・ウェス教授は、国連には、実は「三つの国連」があると指摘している。「第一の国連」は、「国連加盟国」による国連である。国連は一九三の国によって構成される国家の集合体であり、第一の国連は、それぞれの国益を背負った国連加盟国を指す。国連加盟国は、国連のさまざまな会議に出席して意思決定に参加する。例えば、ニューヨークにある「国連日本政府代表部」は、日本政府のニューヨークの出先機関として、国連の意思決定に参加することを専門にした組織である。あくまで日本政府の組織であり、そのスタッフはみな、日本政府から給与をもらっている。これは、「国連アメリカ政府代表部」も「国連ドイツ政府代表部」もみな同じである。代表部の人たちは、それぞれの国家から給与をもらいつつ、国連のさまざまな委員会に出席し、他の国連加盟国と協議しながら国連としての意思決定を行っていく。

「第二の国連」は、国連事務総長をトップとする「国連事務局」やさまざまな「国連機関」、紛争地などに派遣される「国連PKOミッション」や「国連特別政治ミッション」などを指す。そこで働くスタッフは、原則、国連から給与をもらっている。第二の国連のスタッフは、いわゆる国際公務員であり、自分の出身国の利益ではなく、あくまで地球全体の利益や、国連加盟国が意思決定した特定の任務のために仕事をする。

そして「第三の国連」は、国連の活動について調査、研究、提言して、国連から給与はもらわないものの、その活動に貢献しようとするNGOや、研究者、学者、シンクタンクなどを指す。

こうした、国連加盟国を指す第一の国連、国連事務局や国連組織を指す第二の国連、外から国連活動に貢献しようとする第三の国連を区別して考えることは、国連の有効性や課題を考える上で重要である。「国連の失敗」が指摘されるとき、国連加盟国が国連としての意思決定ができず失敗する場合と、国連事務局のスタッフがその官僚制や機能不全で失敗する場合とでは、責任論も、その後の改善策も異なるからである。

世界中に展開する国連PKOと特別政治ミッション

冷戦が終結した後、国連安保理は、国連ＰＫＯミッションを紛争後の国に次々と派遣、統治機構の再建を通じて永続的な平和の構築を目指す「平和構築」活動を世界中で拡大してきた。またＰＫＯ部隊は派遣されていないものの、文民スタッフによって和平調停や仲介などを行う、国連特別政治ミッションも、各地に展開されている。二〇一九年一〇月現在、一四の国連ＰＫＯミッションと、二〇を超える国連特別政治ミッションや国連特使のオフィスが世界中に展開している。国連ＰＫＯミッションは、アフリカに七つ、それ以外の地域に七つ展開し、アフリカでは、南スーダン、マリ、コンゴ民主共和国（ＤＲＣ）、中央アフリカなどのＰＫＯが大きい。また、国連特別政治ミッションや国連特使で注目されるのは、シリア、イエメン、アフガニスタン、イラク、リビアなどでの国連ミッションである。

そして、国連ＰＫＯ部隊の人数だけを見ても、冷戦後、劇的に増加している。冷戦終結直後、主に国家間紛争の停戦監視を目的としたＰＫＯ（いわゆる「伝統的ＰＫＯ」）に派遣されていた部隊は一万人程度だったが、一九九三年ごろまでに急増した（図５‐１）。これは冷戦が終わり、「平和構築」を目的に、ＰＫＯ派遣が急激に増加したことに要因がある。その後、アフリカのルワンダや、旧ユーゴスラビアのスレブレニツァにおける虐殺など、国連加盟国が極めて人数の少ない国連ＰＫＯ部隊しか派遣しなかったなどの要因で、虐殺を防げなかった事態が続き、いったん国連ＰＫＯの数は減少する。だが一九九九年ごろから、東ティ

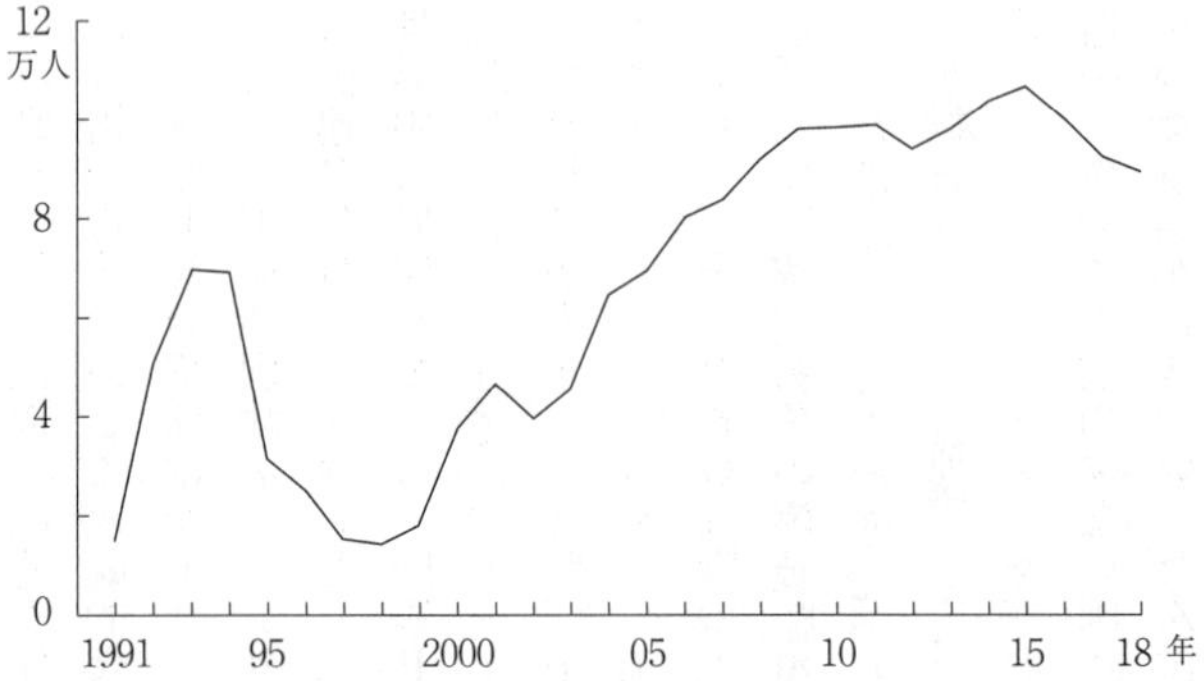

図5－1　国連 PKO の推移（1991〜2018年）
出所：国連 PKO ウェブサイトと Global Policy Forum より著者作成.

モール、コソボ、シエラレオネ、コンゴ民主共和国、南スーダンなど各地に国連ＰＫＯが積極的に派遣されるようになり、ＰＫＯ要員も増加の一途を辿った。

その結果、二〇一四年以降、全世界で一〇万人前後の国連ＰＫＯ部隊、各国の警察官が参加する国連警察、国連文民スタッフなどが常時、世界に派遣される状況が続いている。二〇一七年に誕生した米国のトランプ政権が国連ＰＫＯの削減を求めつづけていることもあり、頭打ちにはなっているが、それでも依然一〇万人近いＰＫＯスタッフが展開している。二〇一一年以降、イラクやアフガンに駐屯する米軍が大幅に削減されたこともあり、紛争地に展開する外国の部隊としては、国連ＰＫＯが世界最大の軍事組織である。

こうした事態をみると、いわゆる「国連無用論」というのはあまり実態を踏まえておらず、好悪の感情は別として、国連の平和維持活動や「平和構築」活動なしには、現代の平和活動は成り立たなくなっている。肝心なのは、その有用性をどう高めていけるかであろう。次節では、これまで実際にどんな成果があったのか、今後の課題は何か、具体的な例をもとに見ていきたい。

2　国連の強みは

カンボジア和平

冷戦終結を境に、国際社会が国連を積極的に活用し、「和平交渉」とその後の「平和構築」に取り組んだ最初の本格的な例が、カンボジア和平プロセスである。カンボジアでは一九七五年から七八年にかけて、ポル・ポト首相率いる「ポル・ポト派」が原始共産主義を掲げ、二〇〇万人とも言われる粛清・大量虐殺を行った。またポル・ポト政権は、隣国のベトナムに対しても何度か軍事介入し、両者の間に小競り合いが続いた。

ベトナムは一九七八年末、人類史上類を見ない規模の虐殺を続けるカンボジアへの侵攻を決意。一五万人の地上軍がカンボジアに進出し、ポル・ポト派は地方に追われ、ベトナムが支援するヘン・サムリン政権が発足した。しかし国際社会の多くは、（ポル・ポト派の虐殺がまだあまり知られていなかったこともあり）その後もポル・ポト派を正式な政権と承認していた。そのためカンボジアは、①ヘン・サムリン政権（カンボジアの大部分を実効支配）、②シアヌーク派（王党派。シアヌーク殿下が率い、米国やASEANなどの支援を受ける）、③ソン・サン派（ポル・ポト政権の前の首相、ソン・サン元首相率いる弱小派）、④ポル・ポト派（中国の支援を受ける）の、いわゆる「カンボジア四派」による内戦が続いた。

一九八七年ごろから、ヘン・サムリン政権のトップだったフン・セン首相が、和平合意を目指してシアヌーク殿下と対話を開始する。一九八九年にはベトナム軍がカンボジアから撤退し、和平に弾みをつけた。共産党が支配するベトナム政府は、一九八六年から市場経済と自由貿易を目指す改革開放路線「ドイモイ（刷新）政策」を採択し、米国や中国などとの関係改善が急務であった。またポル・ポト派を支援していた中国も、一九八九年の天安門《てんあんもん》事件による孤立状態から抜け出すために、カンボジア和平に前向きに努力する姿勢を見せる必要に迫られていた。こうして、カンボジア紛争当事者を支援する周辺国（中国、ベトナム）やグローバルな大国（ソ連、米国）が、カンボジア和平について真剣に取り組む状況が作られつつあった。

そして一九八九年一一月、オーストラリアのエバンス外相が、カンボジア四派の和平合意が成立したら、国連PKOをカンボジアに派遣して暫定統治を行い、その後の選挙を国連が支援することで、カンボジアに民主的な国家を樹立するという、いわゆる「エバンス提案」を発表する。この提案について、国際規範を研究するジョージ・ワシントン大学のマーサ・フィネモア教授は、「それまでカンボジア四派の権力分有をどうすべきか、という思考にとらわれていた関係各国に、「国連PKOを使った暫定統治や選挙の実施」というグローバルな解決方法を提示することで、和平合意に向けた新たな地平を開くことにつながった」と歴史的評価を下している。

「エバンス提案」と同じ時期、米国のベーカー国務長官も、国連安保理常任理事国五か国が率先してカンボジア和平をリードし、カンボジアの主権を一時的に国連に移譲することで、和平プロセスを進めることを提案した。こうして、国連PKO派遣と国連暫定統治によるカンボジア和平への道筋が、常任理事国五か国の間で徐々にコンセンサスになっていく。冷戦末期、ソ連は国内の混乱もあって、こうした動きに反対する余力はなかった。また中国も、国連を活用した和平案に積極的に賛同し、ポル・ポト派の説得を開始した。また常任理事国の動きに加え、タイと日本が互いに協力しながら、カンボジア四派の合意に向け、さまざまな対話の機会を作り側面支援を行った。

こうした調停努力が実り、一九九一年一〇月のパリ和平会議で、カンボジア四派が和平協定に調印した。翌年三月、国連カンボジア暫定統治機構（UNTAC）が発足し、明石康《あかしやすし》氏がカンボジア担当の国連事務総長特別代表に任命された。UNTACには、二万人近い国連PKOや国連警察、文民スタッフが派遣され、暫定統治を行うと同時に、選挙の準備を実施。一九九三年五月に、カンボジアで最初の総選挙が実施され、七月にカンボジア暫定国民政府が発足した。

この一連の和平プロセスのなかで、ポル・ポト派は何度も和平協議を頓挫させようとはかり、九三年の総選挙もボイコットした。注目すべきは、国連や暫定政府側もポル・ポト派を最初から排除しようとせず、武装解除して政党に転換するのであれば選挙への参加を認める姿勢を取りつづけたことである。またポル・ポト派を離脱した兵士への報復や刑事処罰を行わなかったことも、和解を進め安定をもたらした重要な要因だったと考えられている。さらに中国が、ポル・ポト派への支援を止めたことも決定打となり、結局この後、ポル・ポト派は軍事的にも政治的にも存在感を失っていく。

一九九三年の選挙の結果、シアヌーク派が作った王党派の「フンシンペック党」が第一党、フン・セン首相が率いる人民党は第二党となった。このため、シアヌーク殿下の息子であるラナリット殿下が第一首相、人民党のフン・セン氏が第二首相となった。

だが、一九九七年には、ラナリット首相が海外渡航中に、フンシンペック党と人民党との間で戦闘が起き、フンシンペック党は地方に追いやられた。このころが、カンボジアの和平プロセスにとって最大の危機であった。

国際社会は、またカンボジアが内戦に戻るのは困ると、ラナリット首相に帰国して選挙に出るよう説得を続けた。その結果、ラナリット首相はフンシンペック党を率いて一九九八年の総選挙に参加。今回は、フン・セン首相率いる人民党が第一党となって政権を掌握し、内戦は回避された。人生と同じで、どんな「平和構築」でも一度は大きな危機に見舞われるが、そこを乗り越えられるか否かが、その後の平和のゆくえを決める。その際、やはり周辺国の関与と、国内の政治的な包摂性が鍵になることを、カンボジア和平も如実に示している。常任理事国などグローバルな大国と周辺国の説得で、人民党とフンシンペック党がともに選挙に参加し、武力による政権奪取を選ばなかったことで、平和の回復につながったのである。

その後のカンボジアは、フン・セン首相による長期政権が続き、表現の自由など民主主義にとって大事な権利が次々と失われていると指摘されている。その意味で、持続的な平和と民主化の二つの目的が完全に達成されたプロセスとは言えないであろう。一方、少なくとも長期の内戦を脱し、平和が続いていることも事実である。カンボジアは、国連加盟国（第一の国連）が、国連事務局や国連ＰＫＯなど第二の国連を全面的に活用して行った最初の「平和構築」でもあり、さまざまな教訓を我々に残している。

東ティモール

カンボジアの総選挙を国連カンボジア暫定統治機構（UNTAC）が実施してから六年後の一九九九年。インドネシアに一九七六年に併合され、独立運動を続けてきた東ティモールが、インドネシアの民主化に伴い、独立の是非を問う国民投票を実施した。国民投票では、七九パーセントの人々が独立を支持。しかしその直後から、インドネシア軍や警察、さらにインドネシア併合維持派の民兵が、東ティモール全土で略奪や放火を始め、国民のほぼ全員が難民となり、千数百人の命が失われた。

当時のアナン国連事務総長は、この事態をなんとか食い止めようと、インドネシアのハビビ大統領に対し、このままではルワンダ虐殺の二の舞になるとして、国連が承認する多国籍軍を東ティモールに派遣することを認めるよう再三にわたり呼びかけた。決定的だったのは、米国のクリントン大統領もこのとき、インドネシアへの軍事援助を一時停止し、多国籍軍の受け入れを求めたことである。結局、ハビビ大統領は多国籍軍を受け入れた。そして国連安保理は、東ティモールの隣国であるオーストラリアやニュージーランドを主力とする多国籍軍の設置を決議。四日後には、多国籍軍が東ティモール全土に展開し治安を回復した。国連事務局のトップである事務総長と米国大統領がインドネシア政府を説得し、オーストラリアなど周辺国が安保理の承認する多国籍軍を派遣することで、東ティモールの一層の悲劇を防いだのだった。

その後、安保理決議によって、多国籍軍は「国連ＰＫＯ部隊」に転換され、国連東ティモール暫定行政機構（ＵＮＴＡＥＴ）が発足した。国連ＰＫＯと国連警察、そして国連の文民スタッフが、二〇〇二年の大統領選挙までの三年間、東ティモールを暫定統治するという、国連の歴史のなかで最も大きな権限を持つ国連ＰＫＯだった。ＵＮＴＡＥＴは、東ティモール各派の対話や和解、そして権限移譲を徐々に進めながら、オーストラリアと東ティモールの間の海域からとれる石油収入について、そのほとんどを東ティモールの取り分とすることをオーストラリア政府と交渉し、成功した。またその石油収入の全てを国際通貨基金（ＩＭＦ）がニューヨークで管理する基金に入れ、毎年四百数十億円まで国家財政として利用するのであれば基金が減らないことも確認して、東ティモール政府に引き渡した。このようにＵＮＴＡＥＴは、東ティモール国家運営の骨格を作った上で、現地政府に権限を移譲したのである。

こうした成果の要因として、当時、最も優れた国連幹部と評価の高かったセルジオ・デメロ氏が、東ティモールの国連特別代表を務めていたこともあげられる。デメロ氏は東ティモールの地方をくまなく回り、現地の人との対話を続けていた。私が二〇〇八年に東ティモール各地で現地調査を行い、三一九人にアンケート調査を実施したところ、「デメロ氏の統治を評価する」という人は、実に全体の九割を超えた。リキサという西部の村の商店の女性店員に話を聞いたとき、「デメロ氏はこんな田舎まで来て、私たちの意見を聞いてくれました。その後の東ティモールの政治家にも見習ってほしい」と懐かしそうに話してくれた。なお、第4章で述べたとおり、離任翌年の二〇〇三年、国連イラク特別代表となっていたデメロ氏は、バグダッド事務所への自爆攻撃で命を落とすことになる。

二〇〇二年に大統領選挙が行われ、解放闘争の戦士で、東ティモールの英雄であるシャナナ・グスマン司令官が初代大統領に選出され、東ティモールは独立を果たした（写真5－1）。その後、憲法も制定され、東ティモールの国づくりは順調に進むかに見えた。しかしここでも、独立から四年後に大きな危機を迎える。

まず二〇〇五年に、国連PKO部隊が東ティモールから撤収し、特別政治ミッションを残すのみとなった。国連事務局や現地の国連ミッションの幹部は、国連加盟国に対し「まだ東ティモールの国家制度は脆弱《ぜいじゃく》であり、国連PKO部隊はもう少し駐留を続けるべきだ」と訴えたが、経費削減を目指す国連安保理の各国はそれを退け、撤収を決めた。

しかし懸念は一年後に現実となる。二〇〇六年、グスマン大統領と、そのライバルで憲法制定議会の多数派を握っていたアルカティリ首相との権力闘争に、軍と警察が双方の派閥に分かれて武力衝突を始め、首都ディリの住民、一〇万人以上が国内難民となる事態が発生した（写真5－2）。

　このとき、国連加盟国は、（カンボジアと同じく）国連主導で行われた東ティモールの「平和構築」が頓挫することは見過ごせないと考え、すぐに多国籍軍の介入を決断した。またアルカティリ首相も、当時の長谷川祐弘《すけひろ》国連東ティモール特別代表の説得を受け入れて首相を辞任し、国連安保理に対し多国籍軍の派遣を求める決断をした。このとき、アルカティリ首相が徹底抗戦を決めていたら、東ティモールは内戦に突入する危険があった。長谷川国連代表の説得とアルカティリ首相の決断により、オーストラリアを中心とする多国籍軍が再度派遣され、治安は回復した。国連事務局（国連ミッション）と周辺国、それに安保理の中核となるグローバルな大国が連携することで、危うく内戦に戻るかに見えた東ティモールは、危機を回避したのである。

写真5－1　グスマン大統領
（2017年3月4日）

　その後、東ティモールでは、国連東ティモール統合ミッション（UNMIT）が発足し、国連警察一七〇〇人あまりが治安を確保しつつ、

写真5－2　アルカティリ首相（2017年3月2日）

新たな平和づくりの努力が進められる。二〇〇七年には議会総選挙が行われ、グスマン氏が率いる政党「CNRT」とアルカティリ元首相率いる「フレティリン」の争いとなった。選挙の結果、フレティリンが第一党になったものの、過半数を取るに至らず、CNRTが複数の少数政党と連立政権を作り、グスマン氏が首相に選出された。

このとき、UNMITのトップだったのがアトル・カーレ特別代表である（写真5－3）。二〇〇八年一一月に私が最初に現地調査を行ったときに、カーレ特別代表はインタビューで、「私は野党フレティリンとグスマン政権との間で、良好な対話の環境が保てるよう、双方の責任者による対話の機会を継続して作るよう努力しています。その結果、少しずつ信頼関係が培われてきた気がします。現在フレティリンは議会の第一野党として、責任ある行動をしていると私は感じています」と語り、紛争再発を防ぐため、双方の対話の促進に最大限の努力を行っていることを強調していた。他方、アルカティリ氏は私のインタビューに、「グスマン政権は、第一党だったフレティリンを除外して作られた正統性のない政権です。我々は徹底してこの政権打倒を目指します」とグスマン首相を強く批判した。

しかしその後、東ティモールの国家づくりは順調に進んだ。その最大の要因は、グスマン首相が、野党第一党を率いるアルカティリ氏との対話を継続し、場合によってはアルカティリ氏も外遊に連れていくなど敬意を示しつつ、その意見を尊重しながら政権運営をしたことにあった。二〇一二年末には、総選挙の成功を見届けた上で、国連ミッションが東ティモールから完全撤収する。また二〇一五年二月、グスマン氏は高齢を理由に首相を辞任したが、その後任として、アルカティリ氏の部下だったアラウジョ氏を後継者に指名した。このことが、グスマン首相とアルカティリ氏の和解にとって決定的な意味を持った。

写真5－3　カーレ特別代表（現国連事務次長〔オペレーション支援担当〕，2018年6月15日面談時に撮影）

私は二〇一七年二月に、再度東ティモールを訪れた。すでに東ティモールは治安もよく、学生一三人を連れて「平和構築」を学ぶスタディーツアーを実施したのだが、アルカティリ氏もグスマン氏も、長時間にわたって学生との懇談の機会を設けてくれた（写真5－4）。

なぜグスマン氏と和解できたのかをアル

写真5－4　学生と懇談するグスマン元首相（2017年3月4日）

カティリ氏に聞くと、「私はこの国を愛していて、もう二度とこの国を内戦にだけは陥れたくないとずっと思ってきました。グスマン氏との間にもいろいろな誤解や、行き違いはありましたが、長年の対話の積み重ねの結果、違いを認めながら、ともに平和な国を作るために協力できると確信するようになりました」と淡々と語ってくれた。

一方、グスマン氏は、ラテン系とも思える明るいパフォーマンスで学生を笑わせながら、自分の「平和構築」への思いについて次のように語った。「包摂性（inclusivity）こそが、国を作り上げていく力だと私は考えています。民主主義というのは、「あ、それは間違った考えじゃないか」「確かにそれはそのとおりだ」など、議論を積み重ねながら、異なる意見を認めあって、お互いを理解していくプロセスです。こうした対話の積み重ねこそがいわゆる「新国家の建設」にとって最も重要なことだと私は考えています」。

そしてグスマン氏は最後に、日本の学生たちに次のようなメッセージを送った。「日本は、平和を輸出する国であってほしいと思います。紛争当事者の一方のみに荷担してほしくはありません。率直な対話、真剣な対話、そうした対話を促進する国であってほしいと私は願っています」。

東ティモールはその後、グスマン氏とアルカティリ氏がともに推薦する候補が大統領に選ばれたのち、議会選挙があった。その結果、アルカティリ氏が一時首相に選ばれたものの、野党の攻勢を受けて一年を経ずに再選挙となり、新たな首相が選ばれるなど政権交代が続いた。しかしあくまで平和的かつ民主的な手続きに沿った議会選挙や連立内閣の形成であり、その意味では他の西欧の民主主義国家と変わらない政治的な強靭《きょうじん》性を持ちはじめている。

東ティモールの国家づくりの二〇年は、グローバルな大国と周辺国が、国連も活用しながら、破綻国家にしないという強い意志と関与を続け、かつ当事国の指導者が、包摂的な政治プロセスを目指すとき、平和国家がどう建設され得るかを実証している。

シエラレオネの経験

東ティモールの国民投票があった一九九九年には、アフリカでも大きな動きがあった。長年紛争を続けていたコンゴ民主共和国で停戦協定が成立し、和平へのきっかけができた。また同じく内戦が続いた西アフリカのシエラレオネでも、「ロメ合意」という画期的な和平合意が成立し、その呼びかけに応じる形で国連安保理は約六〇〇〇人の国連PKOの派遣を決定。二〇〇二年にシエラレオネで予定される大統領選挙と議会選挙を、国連が中心的な役割を担って支援することになった。

ロメ和平合意は、シエラレオネ政府と、それまで反政府武装勢力だった革命統一戦線（RUF）による和平合意である。ロメ合意の前には、一般市民への攻撃や少年兵の使用などで「タリバンよりも残虐」と言われていたRUFが、全土の七割近くを支配するに至っていた。シエラレオネ政府を応援していたアフリカの大国であるナイジェリアや西アフリカ諸国経済共同体（ECOWAS）は、武力によるRUF壊滅は無理だと判断し、シエラレオネ政府に対し、和平合意に応じるよう説得した。最終的に、アフリカ連合（AU）や国連、米国なども関与し、①シエラレオネ政府とRUFは停戦、RUFの指導者やメンバーに対して刑事罰を科さない、②RUFのトップのサンコー氏を資源担当委員会の委員長兼副大統領にし、暫定政府を発足させる、③RUFは政党に転換し二〇〇二年の国政選挙に参加、④RUFを含めた元兵士に対してはDDR（武装解除・動員解除・再統合）プログラムを通じて社会復帰を支援する、などを骨子とし、和平合意が締結された。つまりシエラレオネの和平合意は、R

UFを丸ごと国づくりに参加させることで始まったのである。その意味では極めて包摂的なプロセスであった。

しかし和平合意から一年後の二〇〇〇年五月、和平合意の実施で三万人もの部下を失うことを恐れたRUFのトップ、サンコー氏が、国連PKO部隊約五〇〇人を拘束し、和平合意を破る暴挙に出た。今思えばこのときが、シエラレオネ和平の正念場だった。

しかしこれに対して、和平を求める多くの市民がサンコー氏の邸宅の前でデモを行い、サンコー側が発砲、二〇人が死亡した。これに市民は激怒、それを背景に数日後にはシエラレオネ政府軍がサンコー氏を逮捕・拘束した。旧宗主国英国も特殊部隊を派遣してシエラレオネ政府を支援した。また国連安保理も、一万七〇〇〇人までPKO部隊を拡大する決断をして、シエラレオネ和平合意を断固守る決意を示した。さらに重要だったのは、DDRプログラムを通じてすでに恩恵を受けていたRUFのほとんどの兵士が、サンコー氏と行動をともにせず、和平合意を履行する道を選んだことである。RUF幹部は政党として選挙に出ることができ、RUF兵士はDDRを通じて社会復帰できる状況のなか、あえて武力闘争に戻ることを選択しなかった。

その結果、シエラレオネは無事に二〇〇二年の選挙を終えて、和平合意を決断したカバ大統領は七〇パーセントの得票を得て再選、彼の政党も一一二議席中八三議席を獲得して大勝した。一方、RUFの政党は一・七パーセントしか得票できず、議会勢力としてはほぼ力を失った。この選挙をきっかけに、シエラレオネの平和づくりの基盤は固まった。徐々に国連PKO部隊も削減され、二〇一四年には、国連ミッションが完全にシエラレオネから撤収した。撤収の日、国連安保理のメンバーはみな立ち上がって拍手をし、シエラレオの平和づくりの成功を祝った。

私は、国連日本政府代表部にいたとき、担当していた国連の「平和構築委員会」のメンバーだったシエラレオネ代表部の人たちと親しくなった。彼らはみな、「国連がシエラレオネに果たした役割に感謝している」としつつ、反政府武装勢力だったRUFを最初から排除しなかったことがシエラレオネの成功の大きな要因だったと話した。最初からRUFを排除していたら、「彼らは武力闘争しか道はなく、また紛争に後戻りしていた可能性が高い」とシエラレオネの政府関係者は口を揃える。実際、二〇〇二年の総選挙までに、二万四〇〇〇人ものRUFの兵士が国連のDDRプログラムに所属し、職業訓練や就職斡旋《あっせん》など何らかの恩恵を受けた。このように、周辺国と国連安保理、国連PKOミッションが一致協力し、現地の指導者が包摂的なプロセスを選択したことで、シエラレオネは、アフリカでも最も持続的な平和づくりに成功した例の一つと言われる国になった。

二〇一四年の国連ミッションの撤収後、シエラレオネはエボラ出血熱が大流行し、一万人以上が犠牲になるという悲劇に見舞われた。しかしシエラレオネは、隣国でやはり国連PKOが派遣されていたリベリア同様、すでに平和と治安がある程度回復していたため、数千人規模の医療スタッフが国内に入ってエボラ出血熱に対応することができた。そのため、シエラレオネやリベリアのエボラ出血熱は一年間で終息が宣言された。もし両国でまだ戦争が続いていたら、対応は遅れ、その感染は世界に広がり、日本にも影響が出たかもしれない。その意味で、アフリカの平和づくりも、回りまわって世界中の人々の安全や健康にも影響があることを、シエラレオネのケースは教えてくれている。

二〇一四年のシエラレオネに続き、「持続的な平和が達成された」として、二〇一七年にはコートジボワールから、二〇一八年にはリベリアから、国連PKOミッションは撤収した。こうした事実を見ると、米国のシンクタンク、ランド研究所（RAND）が発表しているように、「和平合意が成立した後に国連が手がけた「平和構築」活動の七割は成功している」という趨勢は、基本的に今も続いていると言えよう。

コロンビア――「和平交渉」を側面支援

ここまでは、「周辺国やグローバルな大国が、国連事務局と連携しながら紛争当事者を説得して和平合意を成立させ、その後、国連PKOが派遣され、国連と現地政府が協力して国家再建を行い、持続的な平和づくりを進める」というプロセスで成功した例を主に見てきた。「和平交渉」において、周辺国やグローバルな大国の影響力が大きい以上、こうしたプロセスが多いことは、自然なこととも言える。

他方、紛争下の「和平交渉」そのものを側面支援していく役割を国連が果たして、成果をあげた例もある。最近ではコロンビアがその例である。

コロンビアでは、一九六四年に結成された左翼ゲリラ組織コロンビア革命軍（FARC）とコロンビア政府の間で、五〇年にわたって内戦が続いてきた。二〇一〇年に大統領に就任したサントス大統領は、FARCとの和平合意を目指し二〇一二年から本格的な交渉を開始する。この「和平交渉」を、周辺国でコロンビア政府に近いキューバと、FARCと近いベネズエラが支援した。コロンビア和平プロセスを長年研究するレナタ・セグラ研究員らが、米国のシンクタンク国際平和研究所（IPI）から出した報告書によれば、キューバが安全な交渉場所（首都のハバナ）を提供し、「和平交渉」の支援に熱心なノルウェーが、主に交渉団の輸送や宿泊をはじめとするロジスティックスの部分を担当し、交渉が潤滑に行われるよう支援した。つまり、コロンビア「和平交渉」は、コロンビア政府とFARCの二者間の交渉であり、「調停者」がいないプロセスだったが、キューバとノルウェーが、対話の「促進者」（Facilitator）として協力したのである。このように交渉の中身には直接立ち入らないものの、紛争当事者が安全にかつ継続的に対話ができるよう側面支援する「対話の促進者」として、キューバやノルウェーが果たした役割は、今後の日本の貢献を考える上でも非常に参考になると私は考えている。

二〇一六年八月にコロンビア政府とＦＡＲＣは最終和平合意に到達。同年一〇月に国民投票が行われたが、四九・八パーセントが和平合意に賛成、五〇・二パーセントが和平合意に反対で、僅差《きんさ》で否決された。これを受けて、コロンビア政府とＦＡＲＣは微調整した上で同年一一月に再合意、その内容が、コロンビアの上下院で承認され、和平合意が成立した。すぐに和平合意の実施プロセスが始まり、二〇一七年九月にＦＡＲＣの武装蜂起《ほうき》プロセスは終了した。

この一連のプロセスのなかで国連は、キューバの首都ハバナを舞台にコロンビア政府とＦＡＲＣだけで行われていた「和平交渉」について、一般市民がその交渉の内容について不安を持ちはじめるなか、普通の市民が和平プロセスの内容を理解し意見を述べる機会を作る役割を果たすことになった。

二〇一二年後半には、コロンビア政府とＦＡＲＣの双方が、国連コロンビア常駐調整官（コロンビアにおける国連組織のトップ）だったファブリツィオ・ホスチャイルド氏に、コロンビアの幅広い市民が参加する対話集会を開催することを要請。二〇一二年一二月、ホスチャイルド常駐調整官の指揮の下、国連が三日間にわたって主催した対話集会には、コロンビア全土から一二〇〇人が参加し、あわせて四〇〇〇以上の要望が出された。翌月、国連はそれを報告書にまとめハバナの政府とFARCの交渉団双方に送付した。その後、再び要請を受けたホスチャイルド常駐調整官は、二〇一三年四月には政治参加について、同年九月には麻薬問題について、二〇一四年九月には内戦の被害者の救済問題について、同じような対話集会を行い、その内容を報告書にして交渉団に送った。

このように国連は、コロンビア政府とFARCとの交渉を直接仲介するのではなく、コロンビア市民がその内容を理解し、和平プロセスに意見を伝える媒介としての役割を果たした。これが交渉団の国連への信頼にもつながり、二〇一六年には、国連コロンビア特別政治ミッションが組織され、和平合意後の軍備解体の監視や、元兵士の社会復帰など、和平合意の実施において、国連は中心的な役割を担うことになる。先述のIPI報告書は、「当初、コロンビア政府とFARCの双方から猜疑《さいぎ》心を持たれていた国連は、対話集会などを通じて包摂的なプロセスを形成し、次第に和平合意の実施における中心的な役割を担うようになった」と主張している。

当時、国連コロンビア事務所のトップとして、こうした取り組みを指揮したホスチャイルド氏は、その後、国連中央アフリカPKOの副代表を務めた後、グテーレス国連事務総長に特に招かれて、国連事務総長の最高意思決定機関である執行委員会を担当する国連事務次長補などを務め、事務総長の側近として活躍している（写真5－5）。私が二〇一九年六月に国連本部でインタビューした際、ホスチャイルド氏は、コロンビア和平プロセスについて次のように話した。

写真5－5　ホスチャイルド国連コロンビア常駐調整官（現国連事務次長，2019年6月20日）

「コロンビア政府とFARCの交渉そのものは、国外のハバナで行われ、国民の目からは見えにくいものでした。ですから私は、なるべく幅広く対話集会への参加を呼びかけました。つまり女性や先住民、内戦の被害者など、社会的に脆弱な立場に置かれている人々に数多く参加してもらい、意見を述べてもらいました。また内戦の被害者たちを連れてハバナに行き、交渉団に直接その声を届ける機会も作りました。こうして多様なコロンビア市民が参加する和平プロセスにしたことで二つのメリットがあったと思っています。一つは、そのプロセスがより「正統性」を持つものになったということです。もう一つは、多くの人の意見が反映されることで、和平合意の内容がより平和を持続させるものになったと私は考えています」

その後、FARCの一部が和平プロセスから離脱して戦闘行動を始めるなど、コロンビア和平の先行きはまだ予断を許さない。しかし「和平交渉」の核の部分はコロンビア政府とFARCの直接交渉だったものの、国連が「和平交渉」の外側で、より多くの人たちの意見を吸収しそれを交渉団に伝える役割を果たしたこと。そしてその信頼を基に、武装勢力の軍備解体の監視や、その後の社会統合など、和平合意の実施に中心的な役割を果たすようになったことは、国連が和平プロセスに効果的に関与する方法の一つの例だと言える。

3　文民保護というジレンマ

文民保護とは何か

周辺国やグローバルな大国と協力して和平合意を実施し、持続的な平和を作ること（いわゆる「平和構築」支援）や、紛争下の「和平交渉」において、交渉をより幅広く国民に理解し支持してもらう側面支援をすることについて、国連は重要な役割を果たしてきた。一方、難しいのは、前章までに見たような、シリアやイエメン、アフガニスタンなど、激しい戦闘が続くなかでの「和平交渉」を国連が主体となって進める調停活動がなかなか進展していない現実である。これには、周辺国やグローバルな大国が一枚岩にならないと国連が力を発揮できないという、これまでに繰り返し述べてきた構造的な問題がある。

そしてもう一つ、現在の国連の平和活動が抱えている大きなジレンマが、文民保護の問題と言えよう。二〇〇五年に国連加盟国全体が採択した、その後の国連の方向性を定めた国連成果文書のなかで、「保護する責任」という概念が盛り込まれた。「その国の人々の安全を守る一義的な責任はその国にあるが、もしその国に能力や意思がないとき、国際社会にも人々の安全を守る責任がある」という考え方である。

しかしシリアやイエメンのケースに見られるように、大きな人道的な被害が起きていていても、なかなか国際社会が一致して軍事介入などはできない実態がある。他方、この「保護する責任」という理念の一つの応用として、国連ＰＫＯミッションの任務のなかに、「文民の保護」の文言を入れることが習慣化されていった。現在、「平和構築」を任務とするアフリカの国連ＰＫＯミッションのほぼ全てに、本来の「平和構築」支援に加え、「文民保護」の任務が盛り込まれている。

文民保護の理念と現実

この「文民保護」という任務が、どこまでの範囲を指すのか曖昧なこともあり、現地の住民は、「文民（一般市民）は全て国連PKOが保護してくれる」と考えがちである。他方、国連PKO部隊には、派遣先の国の文民一人一人を守るほどの兵力は与えられていない。

例えば、南スーダンでは二〇一六年七月に起きた首都ジュバの戦闘で、多くの国内難民が発生した。その戦闘中、一般市民やNGOの職員を守れなかったという理由で、国連南スーダンPKOミッション（UNMISS）の司令官が、パン国連事務総長から更迭された。被害を受けたなかに米国のNGOが含まれ、米国政府が国連に対して強く抗議したことが背景にあった。

しかしUNMISSの要員は、国連PKO部隊や国連警察をあわせて約一万二〇〇〇人である。他方、南スーダンは日本の一・七倍もの面積がある。日本のように法律を守ることが広く行きわたっている国であっても、三〇万人近くの警察官がいてはじめて市民の安全を一定程度守ることができている。しかし南スーダンでは、軍や警察そのものが、略奪やレイプの実行犯になることも多い。このように現地の治安機構が頼りないときに、国連PKOだけで現地の一人一人の安全を全て守ることは実際には難しい現実がある。

しかし事件が起きて、国連は文民を保護できないと現地の人々から失望の声があがり、国連の信頼が失墜して、本来の業務であるはずの、紛争当事者間の対話の促進や、統治機構の再建に向けた支援などに支障をきたすリスクがある。これが、現代の国連平和活動の大きなジレンマになっている。

南スーダン、中央アフリカ、コンゴ民主共和国、マリ、ダルフール（スーダン西部地域）など、現在、一万人を超える大規模なPKOのほとんどが、「平和構築」に加えて「文民保護」が重要な任務となっている。これらの大規模国連PKOは、いずれも国内に反政府武装勢力を抱え、なかなか包摂的な和平プロセスに進めない現状があり、長期化する傾向にある。しかし本来、反政府武装勢力との調停を行うはずの国連PKOが、実際には市民の保護のために応戦しなければならない事態も増えているのだ。

他方、「国連PKOがいて、なぜ一般市民や民間人を守ろうとしないのか」という素朴な意見は根強く、実際には、「文民保護」そのものを任務から外すのは政治的に難しい。現地の人々に過度に期待を与えないように、国連PKOミッションは、どこまでが文民保護として可能なのか、普段から密接に近隣住民と対話を重ねることが重要であろう。そして、二〇一五年に出た国連PKO再評価のための報告書が強調しているように、「あくまで国連PKOミッションの本来業務は政治的なものであり、和平プロセスを実施するための治安維持や、紛争当事者の信頼醸成、現地の統治組織の再建に向けた支援」であることを再認識し、そのことを現地の人々や指導者にも理解してもらう必要がある。

第5章のまとめ

冷戦が終わってから約三〇年、国連の平和活動も紆余曲折を経ながら、いくつかの重要な実績も積み重ねてきた。他方で、国連PKOが派遣されながら反政府武装活動が続き、撤収に向けて見通しが見えない国があることや、紛争下の「和平調停」の難しさ、そして、文民保護を巡るジレンマなど、新たな課題も明らかになってきている。重要なのは、国連の強みや弱点、抱えているジレンマなどを冷静に認識し、その上で、国家や市民、国連や、企業、NGOなどさまざまな組織と、そこに携わる人々が、それぞれ平和にどう貢献できるかを考え、行動することであろう。次の章では、日本のこれまでの取り組みを振り返りつつ、私たち一人一人にこれから何ができるのかについて考えていきたい。

第6章

日本だからできること

ムラドMILF議長（右）と握手を交わす 緒方JICA理事長
（フィリピン・ミンダナオ，2006年9月18日 出所：読売新聞社）

これまでの章を通じて、現代の戦争のほとんどを占める内戦を解決するために、①紛争勃発前の「紛争予防」、②紛争下の「和平交渉」、③和平合意後の「平和構築」、という三つの局面があることや、それぞれの難しさや課題を見てきた。そして国連の平和活動が、③和平合意後の「平和構築」についてそれなりの実績をあげてきた一方、①「紛争予防」はまだ成功例が少なく、②紛争下の「和平交渉」の調停についても、グローバルな大国や周辺国の協力を得られないかぎり、成果をあげることが難しい現実を見てきた。

こうした現状認識の下、世界第三位の経済規模を持ち、グローバルな大国の一つである日本が、現代の戦争のために何ができるのか。本章では、戦後の日本の平和支援も振り返りつつ、日本政府や、私たち日本人一人一人ができることについて私見を述べ、本書のまとめとしたい。

1　日本のこれまでの平和づくりへの貢献

インフラ支援、制度構築、そして人材育成

第二次世界大戦の後、日本は、戦前の軍国主義の歩みとその破綻を反省し、いわゆる「軽軍備通商国家」の道を選択してきた。経済的な規模が大きくなるにつれて発展途上国への政府開発援助（ＯＤＡ）は拡大したが、基本的には、経済開発への支援が中心であった。

冷戦終結後、国際社会は国連の枠組みを使いながら、紛争後の「平和構築」活動に積極的に参加するようになり、日本もまた「平和づくり」への支援に関わっていくようになる。一九九二年には、国際平和協力法（ＰＫＯ法）が制定され、国連アンゴラ監視団に選挙監視要員を派遣し、また国連カンボジア暫定統治機構（ＵＮＴＡＣ）に自衛隊を派遣した。その後、日本の政府開発援助を担う国際協力事業団（ＪＩＣＡ、二〇〇三年より国際協力機構）は、カンボジアのインフラ支援や法制度整備の支援など、その「平和構築」に息長く関わった。一九九九年には、日本のＯＤＡ中期政策において「紛争の予防、解決、紛争後の平和構築と復興は開発の観点からも国際社会の大きな課題である」と明記。二〇〇三年のＯＤＡ大綱では、

「平和の構築」をODAの重点課題の一つと位置づけた。

ただJICAの「平和構築」への取り組みは、基本的には、それまでJICAが掲げてきた開発援助の強みを生かし、インフラ整備の支援、現地政府の強化（制度構築を含む）、現地政府を担う公務員や、農業や工業など産業を担う人々の育成などが主な内容となっていた。本書の第2章で述べた「平和構築」のプロセスのなかで、「正統性（レジティマシー）のある現地政府」を樹立する上で重要とした四つの要素（①国連の役割、②包摂的な政治プロセス、③人々の生活やサービスの向上（平和の配当）、④強制力（警察や軍）の整備）のうち、③の部分、つまり「平和の配当」を人々が実感できるような支援を行うことを重視した支援だった。それはまた、JICAの発展途上国支援の経験が生かせる分野でもあった。

この基本方針に基づき、紛争後の「平和構築」にJICAが携わってきたカンボジア、東ティモール、アフガニスタン、イラク、シエラレオネ、リベリア、南スーダンなどの平和づくり支援においても、インフラ支援や人材育成、制度構築の支援などが中心に行われてきた。そのため、日本は政治的な役割を果たすことへの躊躇があるという批判や、現地の人々に圧政を行う悪質な政府をも支援することがあるのではないかという批判が出た一方、「日本の国益や政治的な思惑と関係なく、純粋に現地の人々のために支援をする国」としての評価を高めることにつながってきた面もあると私は考えている。

自衛隊によるＰＫＯ支援

また「平和構築」を目的としたＰＫＯ活動については、カンボジアの後、国連東ティモールＰＫＯ活動に、二〇〇二年から二〇〇四年まで自衛隊の施設部隊が最大六八〇人の規模で参加した。首都のディィリを含め四か所の宿営地を拠点にして、道路や橋の修繕《しゅうぜん》、給水所の維持管理などに携わった。

二〇一〇年一月には、国連ＰＫＯが駐屯し、「平和構築」の途上だったハイチでマグニチュード七・〇の大規模な地震が発生し、数十万の人々が死亡した。未曽有《みぞう》の人道危機に対応するためにハイチでの国連ＰＫＯが拡大されたことを受け、日本も三〇〇人規模の陸上自衛隊施設部隊の派遣を決めた。自衛隊施設部隊は、ＮＧＯなど民間団体とも連携しながら、被害にあった人々のニーズにあわせ、がれきの除去、整地、道路補修、孤児院宿舎の建設などの支援を行った。二〇一三年二月、自衛隊は地震からの復興に一定の進展が見られ、任務は終了したとしてハイチから撤収した。

また、一九七四年に設立されたゴラン高原におけるシリアとイスラエルの間の停戦監視を目的とした国連ＰＫＯに、自衛隊は一九九六年から二〇一三年まで参加した。これは、国家間の停戦監視を目的とした、いわゆる「伝統的ＰＫＯ」への参加である。一九九六年以降一七年間にわたり、ゴラン高原でのPKO活動に参加していたことが、他の国連PKOへの参加がなくなったときも、日本が切れ目なく国連PKOに部隊を派遣できていた大きな理由だった。シリア内戦の影響で、ゴラン高原の治安が一気に悪化した事態を受けて、二〇一三年、日本の自衛隊はゴラン高原PKO部隊から撤収した。

こうした伝統的PKOは、停戦だけが継続され、根本的な解決に至らないケースがあると批判されることもある。その一方、二国間紛争の再発を抑制し、一定の平和を維持している意味において、今も大きな意義を有している。南スーダンから撤収した日本の自衛隊が、今後PKO活動への部隊としての参加を検討する場合、世界に七つ展開する「伝統的PKO」への貢献は、重要な検討課題となるはずである。

日本のPKO活動で最後に特筆すべきは、アフリカのケニアなどで行われている、日本の自衛隊によるアフリカの国連PKO部隊への「能力構築」支援である。二〇一四年の国連PKOサミットで日本は、アフリカの施設部隊への能力構築および重機の提供を通じた早期展開支援を行うことを発表した。「国連三角パートナーシップ・アフリカ早期展開支援」と呼ばれるこの事業は、自衛隊の施設部隊がケニアの平和研修センターなどに赴き、アフリカ出身の国連PKO部隊の人たちに直接ブルドーザーやローラーなどの機材の使い方の実地訓練を行い、その能力の向上に貢献する取り組みである。私もこのケニアの平和研修センターに一週間出張し、アフリカ出身のPKO幹部への講義を行った経験があるが、日本の自衛隊による研修は「上から目線ではなくアフリカの人たちをパートナーとして考え、指導してくれる」と現地のPKO部隊から高く評価されていた。

このように、基本的に日本の平和づくりへの貢献は、JICAによるインフラ支援や人材育成支援、政府の能力構築支援、そして、自衛隊によるPKO参加や、PKO部隊への研修・訓練などを中心としてきた。一方で、平和の推進に向けた、政治的、外交的な活動は、前章で紹介したカンボジア和平の側面支援を行ったことを除けば、極めて稀であったことも事実である。そのなかで、和平プロセスの進展にも政治的に関与し、紛争当事者の対話や信頼醸成に関与することで、平和づくりに参加しようとした代表的な例である、「ミンダナオ」と「南スーダン」での日本の関与を見ていきたい。

ミンダナオ

フィリピン南部にあるミンダナオ島やその南に位置する小さな島々（島嶼《とうしょ》部）には、約五〇〇万人のイスラム教徒がいる（図6-1）。主にミンダナオ島の南西部と島嶼部に住む「モロ」と呼ばれるイスラム教徒の先住民に対して、フィリピン政府は一九四六年の独立以降、米国が植民地時代に実施していたカトリック系住民によるミンダナオへの入植政策を継

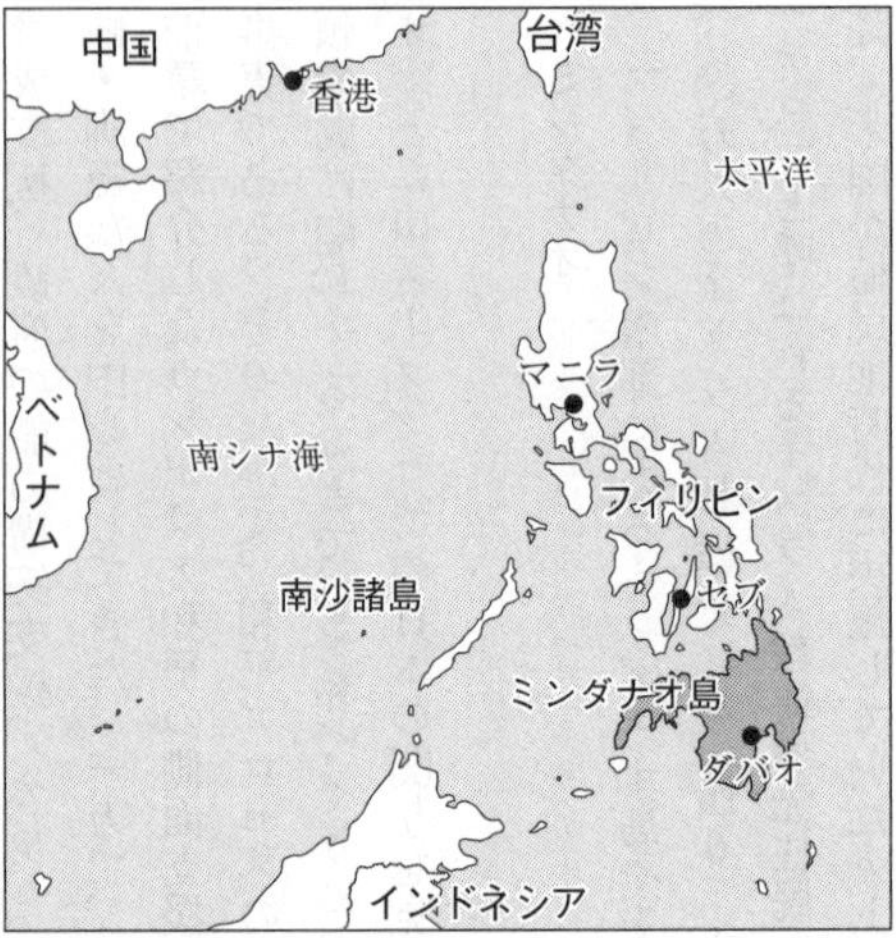

図6－1　ミンダナオ略地図

続した。この入植にあたってカトリック系住民は、土地登記に不慣れなモロの人々の土地をかなり強引なやり方で収奪した。こうした事態を受けて、モロの人々は武力闘争を通じて独立を勝ち取ることが、自らの自決権を取り戻す唯一の道だと信じ、武力による抵抗運動を始めた。十数万人もの死者と数百万人の難民を生んだと言われるミンダナオ内戦の始まりだった。

一九六九年にはモロ民族解放戦線（MNLF）が結成され、抵抗運動が本格化。フィリピン政府はMNLFに対して「和平交渉」を持ちかけ、一九七六年に基本合意がなされ、一九八九年にムスリム・ミンダナオ自治地域が設立された。しかしこのフィリピン政府とMNLFによる和平合意の内容があまりに不十分だと反発したグループがMNLFから脱退し、新たにモロ・イスラム解放戦線（MILF）を結成。次第に勢力を拡大し、本家のMNLFを武力ではるかに上回り、フィリピンにおける最大のイスラム勢力となった。

これに対して、一九九八年にフィリピン大統領に就任したエストラーダ氏は、徹底した武力で対処する方針を掲げ、二〇〇〇年にはＭＩＬＦとの全面戦争を宣言し、ミンダナオは激しい戦火に見舞われた。二〇〇一年にエストラーダ大統領が失脚し、新たに就任したアロヨ大統領は、マレーシアの仲介を得てＭＩＬＦと「和平交渉」を進めた。二〇〇三年にはＭＩＬＦの創始者が死去し、新たにトップに就任したムラド議長が対話路線を取ったこともあり、和平協議は進展、二〇〇三年七月にＭＩＬＦとの停戦協定が締結された。

この停戦協定を受けて、二〇〇四年に「国際監視チーム」が設立されることとなった。この国際監視チームの「復興・経済開発」部門に、日本から専門家を派遣してほしいとフィリピン政府とＭＩＬＦの双方から依頼があった。当時ＪＩＣＡの理事長だった緒方貞子氏は、「平和構築」支援に極めて熱意を持ち、また「日本がかつて戦争をしたフィリピンの平和については日本もまた責任を持っている」という信念から、二〇〇六年、ＪＩＣＡの開発専門家を「国際監視チーム」に派遣することを決断する。その年、緒方氏は自らモロの人々が住む中心都市コタバトを訪問し、ムラド議長と会談した。後に緒方氏がメディアに語ったところによれば、ムラド議長は「和平に向けた可能性はあるのだが、なかなか開発や人々の暮らしの向上につながらない。ぜひ、日本に支援してほしい」と緒方氏に話した。その話を聞いて緒方氏は、「MILFの人たちの思いは本物だ」と確信を得ることができたという。

その後、日本政府やJICAは、ミンダナオ・タスクフォースを立ち上げ、MILF支配地域において、学校教室、職業訓練施設、給水システム、保健所の建設など、「平和の配当」を実感できるような地域開発支援を集中的に実施すると発表。緒方氏が主導し、二〇〇六年一二月に正式に始まった日・バンサモロ復興開発イニシアティブ（J-BIRD）は、最終和平合意が締結されるより前に、他国に先駆けて実施する画期的な内容だった。

このJ-BIRDによる農業開発、教育や水道の普及に向けた社会・民生支援が、現地のモロの人々から深く感謝されたことが、その後日本がフィリピン政府とMILFの和平プロセスを政治的にも支援する大きな要因となった。しかし二〇〇八年にフィリピン政府とMILFの間で結ばれた土地取引に関する覚書に対して違憲判決が出たことにMILF側が激怒し、各地で激しい戦闘が再開される。これまでの章でも、和平プロセスには必ず危機が訪れたことを見たが、振り返ればこのときが、ミンダナオ和平プロセスの最大の危機であった。

各国がミンダナオ支援からの撤退も検討するなか、緒方氏は、ミンダナオでのJ-BIRD支援継続と、「国際監視チーム」に派遣する要員を増やすことを決断。後にムラド議長はメディアのインタビューに対し「あのときJICAの支援が中断されなかったことが、日本に対する大きな信頼につながりました。また他の国に対しても、ミンダナオの平和支援を継続すべきだというメッセージを発してくれたのです」と語っている。

その後、二〇〇九年に停戦合意が成立し、和平協議が再開された。それに伴い、両者の交渉を直接見守る「国際コンタクト・グループ」が結成され、日本、英国、トルコ、サウジアラビアおよび、四つの国際NGOが加入した。このとき日本政府が参加した背景には、それまでのミンダナオ支援の成果が高く評価されていたことがあった。こうして日本は、直接の仲介役であるマレーシアとともに、ミンダナオ和平プロセスの進展に向け大きな役割を期待されることになった。

二〇一一年八月四日、日本政府が仲介し、フィリピンのアキノ大統領とムラドMILF議長による初の会談が成田空港近くのホテルで実現する。極秘に行われたこの会談によって両者に信頼関係が生まれ、それが決定的な契機となって、二〇一二年一〇月にはミンダナオ和平に関する「枠組み合意」、二〇一四年三月には「ミンダナオ和平に関する包括和平合意」、二〇一八年にはドゥテルテ大統領の下、フィリピン政府とMILFの間で合意された新自治政府の設立のために必要な「バンサモロ基本法」が成立した。

二〇一九年一月から二月にかけて、モロの人々が住むバンサモロ地方で、自治政府に入ることに賛成するかどうかを問う住民投票が開催され、ミンダナオ島西部の五州と最大都市であるコタバト市、また北コタバト州のうち六三のバランガイ（村）が、新たな自治地域「バンサモロ・ムスリム・ミンダナオ自治地域」（BARMM）に参加することが確定した。このBARMMは、これまでの自治地域と違い、独自の議会や首相、警察権を持ち、フィリピン政府から獲得する交付金の使途を自治政府の権限で決定することができる。一九六九年から始まった長年の抵抗運動を経て、ついにモロの人々の多くが望む自治権を獲得できたのである。そして、二〇一九年二月にはバンサモロ暫定統治機構が発足し、その首相代行にMILFを長年率いてきたムラド議長が就任した。正式なバンサモロ自治政府は、二〇二二年の選挙を経て樹立される見込みである。

このようにミンダナオ和平において日本は、まだ和平合意が成立する前の段階から、モロの人々への社会・経済発展のための集中的な支援を行い、そこから得た信頼を活かして、政治的な仲介においても重要な役割を果たした。二〇一七年に私が懇談した際、緒方氏は以下のように話していた。「グローバル化が進んだ世界においては、日本だけが孤立して生きていくことはできません。日本も敗戦を経験し、とても厳しい状態から、ここまで発展して、他の国の支援ができるようになった。だからこそ、平和のための支援を、これからも続けなければならないと私は思っています」。

今後、暫定自治政府の形成やその運営、除隊するMILF兵士の社会復帰支援など、これからの和平合意の実施に向けた支援において、マレーシアがそういった分野でできることに限界があることもあり、まさに日本が中心的な役割を担うことになる。ミンダナオ和平は、日本が和平プロセスにおいて、政治、社会、経済の全ての分野の支援で中心的な役割を果たし、歴史的な成功例となる可能性を秘めている。

南スーダン

南スーダンが独立した二〇一一年七月以降、日本政府は南スーダンの「平和構築」に積極的に関わった。まず、二〇一二年一月から、国連南スーダンPKOに自衛隊の施設部隊が参加。常時、約三五〇人規模の部隊がジュバの幹線道路の整備や、国連の宿営地の整備などに携わった。またJICAは、緒方貞子理事長の積極的な方針もあり、首都ジュバの水道整備事業、ジュバを流れるナイル川の架橋、ナイル川の河川港の建設、南スーダン全体の農業マスタープランの作成、南スーダン公共放送局の支援など、インフラ支援、農業支援、制度支援を中心に多角的な支援を開始した。多くのNGOも南スーダンで活動を始め、JICA、自衛隊、NGOなどさまざまな日本の支援者が連携しながら平和づくりに関わる、これまでにない現場となった。

しかし第3章ですでに述べたように、二〇一三年末からの内戦勃発により、日本のNGOもJICAも撤退を余儀なくされる。南スーダン独立以来の明るい見通しは吹き飛び、ケニアやウガンダなど外国からの遠隔操作で支援を継続するしかない厳しい現実に直面した。また自衛隊施設部隊も、内戦勃発後は、多くの国内避難民が国連の敷地内に逃げ込んだため、その敷地内の整備などの業務が主となっていった。

二〇一五年の和平合意などを経て、JICAは徐々に日本人スタッフをジュバに戻し、事業を再開した。また二〇一六年一月には、南スーダン全土から男女約三五〇人の選手をジュバに招いて「全国スポーツ大会」を開催。陸上大会やサッカー大会など、スポーツを通じて、異なる部族の和解などを促進する支援も新たに始めた。

しかし二〇一六年七月に再度、キール大統領派とマチャール副大統領派の間で戦闘が勃発。ジュバも銃弾が飛び交い、JICAも再び撤退を迫られた。ジュバの人たちから非常に期待されていた水道事業は中断。ナイル川の架橋工事も、一時中止を余儀なくされる。二〇一七年五月には、日本政府が、「南スーダンでの自衛隊施設部隊の任務は終了した」として、国連PKOから撤収した。

継続された南スーダン支援

私はこのとき、新聞やテレビなどのメディアを通じ、「自衛隊が撤収するからといって、南スーダンを見捨てたと受け取られる事態を避けるべきだ。そのためには、自衛隊撤収に代

わる代替案をきちんと示すことが必要」と主張していた。具体案としては、

①異なる部族の若者を、東アフリカの地域機構（IGAD）と協力しながら、隣国や日本に招き、将来、国を運営する行政官や、民間のビジネス活動を引っ張る企業家を育成する支援を一〇年、一五年かけて行う。こうした研修の場を通じて、国や企業をどう運営するかを学んでもらうと同時に、部族の違いを超えてどう一緒に働くかも学んでもらい、和解を促進する。

②ケニアなどで自衛隊が行っているアフリカ出身の国連PKO部隊に対する能力構築支援などを維持・拡大する。

③他の国連PKOへの派遣も実施する。

というものであった。こうした施策をパッケージとして提示できれば、南スーダンの人たちからも、アフリカの国々からも、そして国連からも、日本の平和支援の熱意が変わらないことを示すことができ、南スーダンの平和づくりにとっても貴重な支援になると考えている。

実際に日本は、自衛隊の撤収後も、さまざまな民生支援を継続することになった。南スーダンの若い行政官らを日本に招き研修を行う事業は、国連訓練調査研究所（UNITAR）

などの国連機関と協力して実施されている。また当時、在南スーダン日本大使だった紀谷昌彦氏は、南スーダン支援の地方を精力的に回りながら、大統領派、副大統領派の双方と対話を続け、南スーダン支援を日本が継続する意思があると伝えた。その後、紀谷氏は、外務省アフリカ部参事官に就任し、入れ替わりに在南スーダン日本大使になった岡田誠司氏と連携しながら、南スーダンの和平プロセスを推進するための政治的な支援を本格的に開始する。

まずは二〇一六年一二月にキール大統領が立ち上げると表明した国民対話について、国連開発計画（UNDP）とともに、日本政府として一〇〇万ドル（約一億円）の拠出を表明した。これまでのところ、国民対話を支援しているのは、外国としては日本だけである。

また二〇一七年一二月から始まった和平協議の再活性化プロセスに対して、仲介役であるIGADを通じて約三億六〇〇〇万円を拠出すると、早々と表明した。岡田大使が表明したこの日本の支援表明が、財政基盤のないIGADの調停活動の見通しをつけた意義は大きい。二〇一八年度に行ったIGADの南スーダン調停活動は、その事務所経費や、調停のための旅費など、全て日本の支援で賄われていた。日本の支援なしにはIGADの和平調停活動も存在せず、二〇一八年九月の和平合意もなかった。

二〇一八年九月の和平合意を受けて、現在合意内容の実施が進められているが、これからも紆余曲折が予想される。そんななか、私が二〇一九年三月に南スーダンに滞在した一週間、現地の岡田大使は毎日のように、南スーダン政府の閣僚、マチャール派の要人、南スーダンの市民団体、他の国の大使などと会談を重ね、和平合意の実施に向けて努力を続けていた。

岡田大使は日本の南スーダン支援について次のように語った。

「大事にしているのは、なるべく地方も回りながら、現地の住民や市民団体、NGO、国際機関、他のドナー、そして南スーダンのキール派やマチャール派なども含めさまざまなアクターと対話を重ね、その声や要望をよく聞きながら、日本として何ができるかを常に考えることです。私は特にこの国では農業と教育が重要だと考え、その支援案件の形成にも努めています」

最後に、アフリカのように日本から遠いと思われがちな国の平和を支援することの意義について岡田大使は次のように話した。「アフリカは、最後のフロンティアとも呼ばれており、これから経済的にも市場的にも拡大することは間違いありません。日本の支援も一つの要因となって、アフリカの平和や安定が達成され、経済的な発展にもつながれば、日本の企業がもっとアフリカに投資できるようになる。それは、多くの雇用を現地に生み出すなどアフリカの人々の役にも立ち、日本の企業の発展にもつながるはずです。そうしたウィン・ウィンの関係を築くためにも、今、南スーダンの平和のために努力することは重要だと考えています」。

2 信頼される「グローバル・ファシリテーター」として

多くの現場で感じた日本への信頼

私は大学を出てから、NHKのディレクター、カナダの大学の研究者、国連アフガン支援ミッションの政務官、国連日本政府代表部の公使参事官、そして日本の大学の教員など、さまざまな立場で、内戦や和平の問題について、現場で調査をしたり、発表をしたり、実務に携わったりしてきた。そこから実感するのは、中東やアフリカ、南米などで、戦後日本が培ってきた「平和国家」としての信頼である。

その信頼がどこから来るのかを考えると、私は主に三つあるように思える。一つは、第二次世界大戦後、国連PKOなどへの参加を別として、自衛隊を戦争の遂行のために海外に派遣し、誰かを殺《あや》めたりしたことが一度もないという実績。二つめは、日本企業の製品やサービスに対する確かな信頼や安心感。そして三つめが、日本の大使館やJICA、NGOなど、途上国支援に携わる人たちが、相手を見下すことなく、パートナーとして支援を進めてきた歴史的な積み重ねからくるものではないかと思う。

実際、南スーダンの調査を行っていても、キール大統領派の幹部も、マチャール副大統領派の幹部も、「日本の研究者の調査であれば協力する」と応えてくれる。イラクにおいても、毎年、シーア派を代表する副大統領、スンニ派を代表する副大統領、クルド人を代表する政党のトップなどが、一時間以上もの懇談に応じてくれる。またジュネーブでシリアの調査をしたときは、アサド政権側のシリア代表部や、それを支援するロシアやイラン、反体制側を支援するサウジアラビア、カタール、トルコ、EU、米国の代表部などが、日本の研究者であればと、調査に協力してくれた。それは、日本がこれまでとってきた中東での比較的中立な立場や、信頼への表れだと実感する。

私はこうした信頼を活かして、今後日本は、世界の各地で起きている紛争の現場で、異なる民族や部族、政治勢力の対話を促進し、紛争解決に貢献するような、「世界の対話促進者」としての役割を果たすことを、外交目標の一つに掲げるべきではないかと考えている。私はこれを、「グローバル・ファシリテーター」と呼んでいる。

内戦で「対話を促進する」意義

本書で見てきたように、今、世界各地で起きている内戦は、その多くが「国際化した内戦」であり、多様な政治的要因が絡みあい、簡単には解決できないものばかりである。その紛争当事者の間に入って仲介・調停することは、非常に大きな外交的・政治的な関与が必要となり、なかなか簡単にはできないかもしれない。しかし、コロンビア和平においてノルウェーが果たしたような純粋な「対話の促進」、つまり異なる政治グループが集まり、対話を行う場と機会を提供し、当事者が自ら行う紛争解決を側面から支援する。そうした対話の促進者になることは、これからの日本の新たな役割として、世界のいろいろな場所で果たしていくことができるのではないだろうか。

もちろん、対話を促進するだけで、現代の内戦の全てが解決されるとは限らない。しかしアフガンや南スーダンで顕著に見られるように、軍事的解決が難しい場合、対話を通じて停戦と和平合意を実現し、さまざまな勢力が参加する包摂的なプロセスのなかで新たな国家づくりを進め、持続的な平和を築いていくしかないのも事実である。

そして、紛争下の「和平交渉」と、和平合意後の「平和構築」の両方の段階で、日本が、紛争当事者の対話の促進者となり、信頼醸成や問題解決に向け努力することは、紛争国からも、難民の流入などに悩む周辺国からも感謝されることであり、これまで培ってきた日本の平和国家としての信頼を活かす道でもあるはずだ。

その際、本書が第3章を中心に主張してきた「紛争下の和平交渉では、交渉当事者の決定には、状況に応じた柔軟性が必要。だが和平合意後の平和構築においては、特定のグループを排除せず、なるべく幅広い人々が参加する包摂的な政治プロセスが極めて重要」という命題が、対話を促進していく上での一つの指針になればと期待している。また、第4章で見た「紛争下の和平交渉におけるグローバルな大国や周辺国が持つ影響力と責任」については、日本が、米国やロシア、ドイツや英国、フランスなど、グローバルな大国とも比較的よい関係を維持していることから、紛争地の周辺国やグローバルな大国がともに問題解決に向けて行動するよう、粘り強く促していく役割を担うこともできると考える。

世界のなかの日本

二〇一七年に「自国第一主義」を掲げるトランプ大統領が米国大統領に就任し、地球温暖化への取り組みを定めた「パリ協定」からの離脱や、イランの核開発の中止と引き換えにイランへの経済制裁を緩和する「イラン核合意」の破棄など、国際協調体制から背を向ける行動が続いている。英国もEUからの離脱を国民投票で決めたが、その手続きを巡って混乱が続く。他方、中国は「国際協調主義の守護者」としての立場を強調するが、共産党一党独裁の下、民主主義や人権など、中国国内における人々の自由や権利が十分に保障されないなか、中国の対外的な姿勢に警戒感を持つ国も多い。

そのなかで、「平和主義」「基本的人権」「民主主義」を掲げ、曲がりなりにもその体制を維持している日本が、現代の紛争を解決するために、「対話の促進者」として果たせる役割は大きいと考える。

またそれは、これまで重視してきた開発援助を補う側面もある。日本は一年あたりの政府開発援助（ODA）の実績が、一九八九年に世界第一位になり、その後二〇〇〇年まで世界最大の援助国だった。その後、アメリカ、ドイツ、イギリスなどに抜かれ、世界第四位になった。二〇一七年の統計では、日本のODAの支出純額は約一兆三〇〇〇億円、そのうち無償資金協力は約二九〇〇億円である。ただし、国連は、先進国が国民総所得（GNI）の〇・七パーセントをODAに振り向ける目標を掲げているが、日本は〇・二三パーセントと目標をかなり下回っている。

高齢化社会が進み、今後も量的拡大はなかなか望めないなか、世界の平和について、より直接的に貢献する和平プロセスへの支援は、インフラ支援などに比べて拠出額は極端に少ない一方、今も世界第三位の経済規模を持つ日本が、世界に対する貢献を示していく大事な分野になるはずである。

それぞれの立場で何ができるか

では日本や日本人が、こうした和平を推進する「対話の促進者」としての役割を果たすために、政府や企業、ＮＧＯ、市民などは、それぞれ何をしたらよいのだろうか。

日本政府

政府としてまずできることは、紛争当事者の対話を促進する「グローバル・ファシリテーター」の役割を果たしていくことを、日本の外交方針の一つとして正式に掲げることである。政府全体として、「グローバル・ファシリテーター」としての役割を果たすことを外交方針の一つに掲げることができれば、それぞれの現場の日本大使館やＪＩＣＡの事務所でも、その具体的な方法を、現場の担当者や大使の自主的な創意工夫の下で検討し、実施していくことができるはずである。

例えば南スーダンでは、国民統一暫定内閣が発足し、マチャール第一副大統領がジュバに戻った後、日本が仲介して、キール大統領とマチャール副大統領の対話の場を設定し、それをメディアで南スーダン全国に流すことで、「もう戦わない」というメッセージを、継続的に発信することを支援することもできるだろう。実際こうした考えをジュバ大学での講演で話したところ、ジュバ大学の副学長や多くの教授たちから「対話の促進者としての日本の役割に期待している」と声をかけられた。米国やヨーロッパの国々が、南スーダンへの支援に消極的になっている今、こうした期待は外交辞令でなく、かなり本音のように感じた。

イラクでは、政党連合の幹部を定期的に日本大使館に招き、石油収入の透明化など、重要課題について議論をする機会を提供することなどもできる。またイラクの人々が切実に求めている電気の回復や整備をどう進めるか、日本が対話の促進者となって、イラクの関係省庁や大臣、地方政府の幹部等の継続的な議論を支援することもできるかもしれない。大事なことは、政府として大きな外交目標を掲げ、それぞれの現場で、現地の人たちと相談しながら、実情にあわせて実行していくことである。

「対話の促進者」としての役割は、紛争解決に留まる必要はない。地球温暖化、環境破壊、大気汚染、感染症、自然災害など、今の地球には、一つの国だけでは解決できない脅威、いわゆる「人間の安全保障」を脅かす問題が数多くある。そうした脅威を減らすために、日本が多くの国や国際機関、NGO、研究者などに呼びかけ、継続的に議論を重ね、よりよい対応策を探っていく。そんな役割も日本政府は果たすことができるはずだ。実際に日本は、気候変動による被害への対応策や、防災への国際的な取り組みについても国際会議を何度も開催して、議論を主導している。こうした取り組みは、地味に見えても、人類の未来や人々の安全にとって極めて重要な取り組みであり、さらに拡大していくことができるはずである。

JICA

日本の海外開発援助を担うJICAは、ミンダナオ和平プロセスで大きな役割を果たしたように、現地における経済・社会支援を行い、当該政府や反政府武装勢力の双方から信頼を得ながら、和平交渉を側面支援していくことができる。実際に、ミンダナオ和平では、ミンダナオ開発に関する会議をJICAが主催しつつ、その会場の外で、政府とMILFの非公式の対話を取り持つことも頻繁にあったと言われる。

JICAがこうした和平プロセスの対話の促進者として役割を果たす上で一つの課題となるのは、JICAのなかにある「自分たちはあくまで開発支援組織」という意識の殻を破り、開発支援を続けながら、和平プロセスを進めるための側面支援も自分たちの本体業務であると、正式に位置づけることであろう。それは上記の政府の大方針とリンクする。これまで多くのJICA職員とつきあってきたが、JICAのなかには、こうした和平プロセスの支援に携わりたいという人は非常に多いというのが私の実感である。ミンダナオでの経験を活かし、さらに多くの場所で和平プロセスに参加することがJICAの重要な業務の一つとして、自他ともに認識されることが肝要であろう。

自衛隊や警察

日本の自衛隊が国連PKOに参加するようになって二五年以上が経過し、国連PKOへの参加について賛同する日本人が多数派になっている（二〇一八年の内閣府の調査では、国連PKOに「これまで以上に積極的に参加すべきだ」と、「これまで程度の参加を続けるべきだ」と答えた人が、合計で八割を超えている）。現在、部隊としての国連PKO参加はないが、アフリカPKO部隊への研修などを実施しつづける上でも現場での体験は欠かせないであろう。停戦監視を中心とする伝統的な国連PKOへの参加や、現在非常にニーズの高い、国連PKOへの医療チームの派遣、病気やけがを負ったスタッフを近隣の病院に運ぶヘリコプターなどでの空輸支援、そして、通信体制の整備の分野での参加や貢献なども、国連事務局から期待が大きい。

現在、「国際協力に参加したい」という希望から自衛隊に入る若い人も多いと聞く。そうした人たちの専門性を高め、他の国ではなかなか支援できない国連PKOの通信や空輸、医療支援などの分野での貢献も、これから検討されるべきであろう。

そして、紛争後の国においては、日本の治安を維持する警察への期待が極めて高い。そのニーズは、紛争後の国における現場のパトロールよりも、警察体制の整備に関する支援である。実際、東ティモールでは、日本の警察官が数名派遣され、警察制度の整備に大きな役割を果たした。またJICAの支援で、東ティモールの警察官を日本に招き、交番制度などを学んでもらう支援も行われている。私が二〇一七年に東ティモール警察を訪問したときには、日本で交番制度を学んだ女性警察官が、「共同体へのパトロール」(Community Policing)の実施に向け、積極的に取り組んでいた。

もし日本の現役警察官の海外派遣がすぐに難しいようであれば、現役を退官した警察官をJICAで再雇用して、紛争後国の現場で警察制度の構築に尽力してもらうこともできると思う。外国語が堪能な警察官や刑事が増えているなか、第二の人生を紛争後国の警察制度と治安の向上、つまり人の命の保護のために尽くしたいという人は多いはずだと、私は確信している。

NGO　さらに日本には、NGOとして、海外支援に携わっている団体が数多くある。こうしたNGOはこれまで、教育支援や貧困解消のための支援、難民支援などに携わり、極めて重要な貢献を行っている。今後こうした活動に加え、日本人への信頼を活かして、紛争当事者の対話の促進を目指すようなNGOが出てくることが期待される。国際的には、「Humanitarian Dialogue」というスイスに本部を置く和平調停に積極的に携わるNGOも出てきている。今後、日本のNGOも、対話の促進に携わるような役割を担ってほしいし、それを幅広い市民が賛同・支援するようになってほしいと強く期待している。

企業　二〇一九年夏に開催された、第七回アフリカ開発会議（TICAD7）でも、日本企業によるアフリカへの投資と貿易の拡大が、最重要テーマとして議論された。アフリカの指導者と懇談しても、「日本の企業に進出してほしい。そして日本との貿易を拡大したい」という声が圧倒的である。私は学生にも、「アフリカの人たちが期待しているのは、我々研究者じゃなくて、みなさんが企業に入った後、積極的にアフリカとビジネスをしてくれることなのです」といつも話すようにしている（すると、学生たちの目がぱっと輝く）。

「平和構築」にとって重要な四つの柱のうち、③「人々の生活やサービスの向上」において決定的なのは投資と貿易の拡大であり、それによって地元の雇用が増えることである。もちろんそのとき、搾取や劣悪な労働環境、環境破壊などを起こさないように細心の注意を払い、そこで働く人々に「日本企業で働くことは自分の誇りだ」と思ってもらえるように、対等なビジネスパートナーとして一緒に仕事をしていくことが何より大切なはずである。例えば私が二〇一八年にイラクを訪問した際、多くのイラク人から「一九七〇年代に、たくさんの日本企業がイラクに進出した。本当にあのころはすばらしかった。早く日本企業に戻ってきてほしい」と話しかけられた。その意味では、企業に勤め、中東やアフリカの現状を冷静に見極めながら、積極的にビジネスを展開することは、その国の発展や平和にとって決定的な貢献になり得る。そんな志を持った人たちが一人でも多く増えてほしいと思うし、それは、アフリカや中東の平和にとっても決定的な意義を持っている。またそれは日本の経済活動の発展にもつながるはずだ。

メディア

こうした海外への関心を私たちが持つ上で、メディアの役割は欠かせない。日本では、「海外のニュースは視聴率が下がる」と敬遠される傾向があるが、報道されなければ関心が下がってしまい、さらに視聴率が下がるという悪循環に陥りかねない。

実際には、日本企業が日本の市場だけを相手に仕事ができる部分は非常に小さくなっている。農業であっても、次々と海外に市場を開拓し輸出を拡大する時代である。海外の情勢に対して正確な知識や認識を持つことは、日本が今後、世界で生きていく上で必須である。そういった問題意識に基づいて、海外の紛争や平和づくりの問題についてもっと多くのメディアが関心を持ち、私たちに報道してくれることを心の底から願う。

市民

政府、JICA、NGO、企業などの活動を支えるのは、言うまでもなく私たち、一人一人の市民である。まずは私たちが、一市民として、世界で起きている多くの紛争や、その悲惨な実態、そこで苦しむ人たちへの思いやり、「なんとかしてあげたい」という気持ちを持てるかどうかが、実は一番重要なことだと思う。「困っているときはお互いさま」という精神は、緒方貞子さんがいつも強調していたように、「人間として何よりも崇高な気持ち」であるはずなのだ。

日本国内で震災や原発事故、台風や大雨で被害を受けた人たちへのボランティアに向かうことも、日本の外で脆弱な立場に追い込まれた人のために何かをしたいと考えることも、そこに根本的な違いはないはずだ。それぞれが自分の置かれた状況や立場のなかで、何ができるかを考えて行動することが大事だと思う。

リスクなくして成果はない

和平プロセスなどの支援に関わることについては、「紛争当事者の対話を促進しても、結局紛争の解決につながらない場合、日本の外交的失点になるリスクがある」という意見があるかもしれない。ある和平調停に関する懇談会に出席した際、ある政府関係者から「日本人の税金を使っている以上、失敗するかもしれない調停には簡単にお金を出せない」という発言があった。

しかし本書で見てきたように、どの和平プロセスも簡単ではない。またたとえ最終的な合意にまで至らなくとも、それに向けた対話の促進のために汗をかいた日本を、世界が酷評するとは思えない。和平に向けた努力を日本が継続していること自体、評価してくれるはずだ。問題は、そうしたリスクも認識しつつ外交努力を続ける生き方を、多くの日本人が誇りを持って支持できるかどうかであろう。

なぜ平和のために

「対話の促進者」としての努力を行うためには、日本人の一人一人が、なぜ自分と直接関係のない、世界の平和のために関与をする必要があるのか、心から納得し、合点がいく必要がある。私はこうした一国では解決できない問題の解決に向けて貢献するのは、町内会の互助活動に似ていると思う。町内会費をきちんと納め、大雨などで浸水した家が近所にあれば、ボランティアで復旧を手伝う。仮にその人の家が自然災害で損傷したときには、町内会の人たちが「困ったときはお互いさま」と助けてくれるであろう。でも、町内会費を常に滞納し、他の家に何かあっても知らんぷりする人の家に何かあっても、助けてもらえる可能性は少ないはずだ。

日本には北朝鮮の核問題をはじめ、多くの安全保障上の課題がある。また地震や津波など、大規模な自然災害においては、海外からの支援が必要なときもある。そうした自らの安全の問題について国際的な協力を得るためにも、たとえ今すぐは関係がないように見えても、アフリカや中東の平和のために尽力することは、回りまわって、日本人の安全や利益にもつながるのである。

戦争を止めることは、簡単なことではない。しかし本書の「はしがき」に述べたように、病気が地上から消滅することはなくても、医療従事者が絶えず努力を続けるように、私たちもまた、「戦争という不治の病」とその惨禍が少しでもなくなるよう、努力を継続するしかない。そして今日本は、その重要な役割を担える時期に来ている。

あとがき

二〇一九年一〇月二二日、本書でも何度か紹介している緒方貞子さんが亡くなった。九二歳だった。国連難民高等弁務官、国際協力機構（JICA）理事長などを務め、人道支援と、開発支援、そして平和構築の支援のために、世界中を駆け回って活躍されていた緒方さん。世界で最も尊敬されている日本人の一人であったことは間違いない。

私が緒方さんにはじめてお会いしたのは、二〇〇四年の七月末。あと数日でNHKを退職し、カナダのブリティッシュ・コロンビア大学の大学院政治学科で留学を始めるときだった。当時JICA理事長だった緒方さんは、私がそれまでに制作したNHKスペシャルなどを見てくれていて、世界の平和の現状や、「人間の安全保障」の課題、そして私が今後、何をどう努力していくべきか、一時間半ほどアドバイスしてくださった。私が最後に、「妻も子供もいるなかで、三五歳の自分が、これから大学院生としてやっていくのは、大きな不安もあります」と述べると、緒方さんは、「でも、ゆっくり腰を落ち着けて勉強できますからね。それはすばらしいことじゃないですか」と励ましてくれた。

それ以来、日本への帰国のたびに、一時間は時間を取って私の調査について助言してくださった。忘れられないのは、カナダに移って二年経ったころ、それまでに培ったニューヨークの国連本部での人脈などについて伝え、今後、平和構築についての調査を始めたいという話をしたとき、とても厳しく「それでは、たいした調査にならないのは目に見えています。ニューヨークではなく、とにかく現場に行って調査しなければ駄目です。そのことを第一に考えるべきです」と叱咤《しった》されたことだ。年甲斐もなく落ち込み、うつむきながら理事長室を後にした。

その後、博士課程の授業も全て終わり、国連本部からアフガンや東ティモールの国連事務所に調査の推薦状を送ってもらって、二〇〇八年二月、ようやく最初のアフガン現地調査を実施できた。その後、日本に立ち寄って緒方さんに会い、「国連アフガン支援ミッション（UNAMA）が最大限の応援を申し出てくれました。次回は、首都カブールと地方の三つの州で、ヘリや防弾車などに乗せてもらい、調査できる予定です」と話すと、「それは本当によかったですね。私たちJICAも、アフガンの地方に行けなくて苦労しているんです。国連の協力が得られたのは大きいですね」と励ましてくれ、なんだかほっとした。

その後、アフガンと東ティモールの現地調査を基に、緒方さんにもインタビューして、二〇〇九年に『平和構築』という本を出した際、緒方さんはその本を、外務省の幹部など多くの人に手渡してくれた。それが、自分の政策提言の実現にとってどれだけ大きな力になったか計り知れない。

アフガンの国連政務官として勤務を始めたころ、アフガンを訪問した緒方さんが、私の上司だったデミツラ国連アフガン特使や、アフガンの大臣にも私のことを話し、和解に向けた仕事がしやすくなるよう、応援してくれていた。数年後、国連日本政府代表部への赴任が決まって挨拶に行った際、緒方さんは、「東さんには、どこかでもう一度アフガンに戻って、平和のために尽力してもらいたいと思っているんです」とぽつんと話した。胸が熱くなった。

二〇一七年に私が編著者となって『人間の安全保障と平和構築』を出版した際には、この本のきっかけになったシンポジウムでも冒頭の挨拶をいただき、本にも「序文」を寄せてくださった。本の打ち合わせのために何度かお会いしていたとき、緒方さんがふと、「難民の人たちは戦争で家を追われ、家族を失い、絶望しているかもしれない。だけど、今をなんとか生き延びれば、一〇年後、二〇年後には、もう一度、その人なりの目標や夢を持って生きていくことができる可能性があると思うんです。だからまずは生き延びられるように支援しなきゃいけない。そんな思いから、「人間の安全保障」というコンセプトを打ち出したんです」と話してくれた。ああ、これが、緒方さんの神髄なのだなと、あらためて思った。

その本を持って挨拶に行ったのが、お目にかかった最後の機会になった。考えてみれば、緒方さんは私を応援しても、何も個人的に得することはなかった。そんな緒方さんに、私はどんな恩返しができるのだろうか。

そして私と同じように、緒方さんから指導・支援を受けたり、影響を受けたりした人は、世界中に何千人もいると思う。「困っている人を助けようとする気持ちは、人にとって一番崇高な心だと思います」と、日本が世界の平和や貧困のために尽力する重要性を語っていた緒方さん。心より感謝の気持ちを伝え、ご冥福をお祈りしたい。

本書を出版するにあたっては、中公新書編集部の藤吉亮平さんにお世話になった。藤吉さんの異動で後を引き継いだ小野一雄さんには、私の拙い原稿の一文一文を丁寧に見て、本をまとめるための貴重なアドバイスや作業をしていただいた。また編集長の田中正敏さんにも本の構成なども含めて、貴重なご指導をいただいた。みな様に、心より感謝の気持ちを伝えたい。

本書の調査を実施・報告する上で、いろいろなご支援をくださった、国連、外務省、JICA、NGO、南スーダンやイラク、シリアやアフガンの関係者の方々、国内外の研究者の同僚や先輩、前任校の東京大学、現在勤めている上智大学の関係者、そして退職して一五年たった今も応援してくれているNHKの先輩や同僚、後輩など、紙幅の事情で一人一人をご紹介することができないのが心苦しいが、この場を借りて、心より御礼を申し上げたい。

また私事で恐縮だが、昨年、妹の雪見が、病気のため永眠した。妹は、私よりずっと先に大学の先生になり、遅れて研究者を目指した私をいつも応援してくれていた。本書が、少しでもその恩返しになればと願っている。

最後に、NHKを辞めてからのカナダでの六年間、単身赴任だったアフガンでの一年間やニューヨークでの二年間も含め、ずっと応援してくれている妻の雅江と息子の大誠、そして両親(忠和と敦子)にも心から感謝の意を伝えたい。家族の支えなくして、この本はなかった。今も元気に仕事と学生生活に打ち込んでいる妻と息子には、感謝してもしきれない。

両親が広島で被爆していることもあり、私は子供のころから、平和のために仕事をするのが夢であった。この本を読んでくださった読者の方々に、心からのお礼の気持ちを伝え、この本の結びとしたい。

二〇一九年一二月二五日

東 大作

河野雅治，1999，『和平工作——対カンボジア外交の証言』岩波書店
田村 剛，2019，『熱狂と幻滅——コロンビア和平の深層』朝日新聞出版
長谷川祐弘，2018，『国連平和構築——紛争のない世界を築くために何が必要か』日本評論社
幡谷則子，2016，「コロンビア和平プロセスの課題——新和平合意をめぐって」SYNODOS，2016年12月9日
幡谷則子，2017，「コロンビアにおける和平プロセス——その背景と課題」Asia Peacebuilding Initiatives，2017年1月29日

【第6章】

石井正子，2018，「モロと非モロ先住民の平和へのポテンシャル——フィリピン南部におけるバンサモロ自治政府設立をめぐって」『文化人類学』82巻4号，488～508ページ
上杉勇司・藤重博美編著，2018，『国際平和協力入門——国際社会への貢献と日本の課題』ミネルヴァ書房
川島緑，2012，『マイノリティと国民国家——フィリピンのムスリム』山川出版社
紀谷昌彦，2019，『南スーダンに平和をつくる——「オールジャパン」の国際貢献』ちくま新書
内閣府，2018，「外交に関する世論調査（平成30年10月）」2018年12月21日．https://survey.gov-online.go.jp/index-gai.html
永石雅史，2016，「フィリピン・ミンダナオ和平プロセスの阻害要因の分析——水平的不平等の視点から」『同志社グローバルスタディーズ』第6号
野本啓介，2004，「日本のODAにおける平和構築への取り組み」『北星学園大学経済学部北星論集』第44巻第1号
福島安紀子，2019，『地球社会と共生——新しい国際秩序と「地球共生」へのアプローチ』明石書店
本多倫彬，2017，「JICAの平和構築支援の史的展開——日本流平和構築アプローチの形成」，日本国際政治学会編『国際政治』第186号，97～112ページ
本多倫彬，2017，『平和構築の模索——「自衛隊PKO派遣」の挑戦と帰結』内外出版

Cambridge: Cambridge University Press.
Finnemore, Martha, 1998, Military Intervention and the Organization of International Politics, In *Collective Conflict Management and Changing World Politics,* edited by Lepgold, Joseph and Thomas Weiss, Chapter 8, 181-204.
Hasegawa, Sukehiro, 2013, *Primordial Leadership: Peacebuilding and National Ownership in Timor-Leste,* United Nations University Press.
Hayner, Priscilla, 2007, *Negotiating peace in Sierra Leone: Confronting the justice challenge,* Centre for Humanitarian Dialogue.
High-level Independent Panel on Peace Operations, 2015, *Review of United Nations Peace Operations.* https://peacekeeping.un.org/en/high-level-independent-panel-peace-operations-review-of-united-nations-peace-operations（2015年国連 PKO 再評価報告書）
Humphreys, Macartan, and Jeremy Weinstein, 2003, *What the Fighters Say: A Survey of Ex-Combatants in Sierra Leone, June-August 2003,* Freetown: The Post Conflict Reintegration Initiative for Development and Empowerment.
International Crisis Group, 2008, *Sierra Leone: A New Era of Reform?* Freetown/ Brussels: International Crisis Group.
Krasno, Jean, 2005, *Public Opinion Survey of UNAMSIL's Work in Sierra Leone. External Study,* United Nations DPKO Best Practices Section.
Macleod, Lisa Hall, 2006, *Constructing Peace: Lessons from UN Peacebuilding Operations in El Salvador and Cambodia,* UK: Lexington Books.
Paris, Roland, 2004, *At War's End: Building Peace after Civil Conflict,* Cambridge: Cambridge University Press.
Power, Samantha, 2008, *Chasing The Flame: Sergio Vieira de Mello and the Fight to Save the World,* New York: Penguin Press.
Segura, Renata, and Delphine Mechoulan, 2017, *Made in Havana: How Colombia and the FARC Decided to End the War,* New York: International Peace Institute（IPI）.
Sesay, Mohamed Gibril, and Mohamed Suma, 2009, *Transitional Justice and DDR: The Case of Sierra Leone,* International Center for Transitional Justice.
Talesco, Cristian, 2016, How East Timor's Democracy is Making it an Outcast, *Foreign Policy,* 10 May 2016.
Tweedie, Pauline, 2019, *Twenty Years of Elections and Democracy in Timor-Leste,* The Asian Foundation.
UN General Assembly Resolution, *2005 World Summit Outcome,* 24 October 2005（A/RES/60/1）.
Weiss, Thomas, Tatiana Carayannis, and Richard Jolly, 2009, The "Third" United Nations, *Global Governance*, vol. 15（1）, 123-142.

B4AC1257F480045876E?OpenDocument
UN Geneva, Intra-Syrian talks - UN Special Envoy Statements and Press Briefings,（2016-2018） https://www.unog.ch/unog/website/news_media.nsf/（httpPages）/36087DA37A8680BEC12581E5004F2AAB?OpenDocument
Walker, Joshua, 2017, Center of the World: This Week in Astana, Kazakhstan, *The Diplomat,* 7 June 2017.
青山弘之，2017，『シリア情勢――終わらない人道危機』岩波新書
ジョヴァンニ，ジャニーン・ディ，古屋美登里訳，2017，『シリアからの叫び』亜紀書房
東 大作，2017，『シリア和平プロセスの最新情勢と課題』上智大学国際関係研究所ワーキングペーパー１
〔イラク関連〕
Annan, Kofi, 2005, Our Mission Remains Vital, *Wall Street Journal,* 22 February 2005.
Bremer, Paul, 2006, *My Year in Iraq,* New York: Simon & Schuster Inc.
Diamond, Larry, 2004, What Went Wrong in Iraq, *Foreign Affairs,* vol. 83（5）, 34-57.
Diamond, Larry, 2006, Iraq and Democracy: The Lessons Learned, *Current History,* January 2006, 34-39.
Robinson, Linda, 2019, Winning the Peace in Iraq, *Foreign Affairs,* vol. 98（5）, 162-172.
Simon, Steven, 2008, The Price of the Surge: How U. S. Strategy is Hastening Iraq's Demise, *Foreign Affairs,* vol. 87（3）, 57-76.
United Nations Security Council Resolution 1483, 2003, Adopted on May 22, 2003（S/RES/1483）.
NHK スペシャル『イラク復興――国連の苦闘』NHK 総合テレビ，2004年4月18日放送
酒井啓子，2004，『イラク戦争と占領』岩波新書
酒井啓子，2014，『中東から世界が見える――イラク戦争から「アラブの春」へ』岩波ジュニア新書
酒井啓子，2018，『９・11後の現代史』講談社現代新書
東 大作，2018，「ISIS 後のイラク――平和構築とその課題」『外交』第48号，2018年３～４月
東 大作，2019，「現地報告　イラクと南スーダン・平和構築の課題」『外交』第55号，2019年５～６月
山内昌之，2018，『民族と国家』文春学藝ライブラリー

【第５章】
Doyle, Michael, Ian Johnstone, and Robert Orr, 1997, *Keeping the Peace: Multidimensional UN Operations in Cambodia and El Salvador,*

Stein, Janice Gross and Eugene Lang, 2007, *The Unexpected War: Canada in Kandahar,* Toronto: Penguin Canada.
Toronto Star interview with Lakhdar Brahimi, *Expert Advice on Afghanistan,* 14 September 2006.
UNAMA, 2019, *Civilian Deaths from Afghan Conflict in 2018 at Highest Recorded Level,* 24 February 2019.
UNAMA, 2019, *Quarterly Report on the Protection of Civilians in Armed Conflict: 1 January to 31 March 2019,* 24 April 2019.
Zaeef, Abdul Salam, 2010, *My life with the Taliban,* New York: Columbia University Press.
東 大作, 2017,「平和構築における正統性確立の課題」, 東大作編『人間の安全保障と平和構築』日本評論社, 2章, 28-49ページ
渡辺光一, 2003,『アフガニスタン——戦乱の現代史』岩波新書

【第4章】
〔シリア関連〕
BBC News, 2019, *More than 70 million displaced worldwide, says UNHCR,* 19 June 2019.
Dobbins, James, Philip Gordon, and Jeffrey Martini, 2015, A Peace Plan for Syria, *Perspective,* RAND Corporation.
Farer, Tom, 2014, Can the United States Violently Punish the Assad Regime? Competing Visions of the Applicable International Law, *American Journal of International Law,* vol. 108 (4), 701-715.
Final communiqué of the Action Group for Syria, 2012, Identical letters dated 5 July 2012 from the Secretary-General addressed to the President of the General Assembly and the President of the Security Council (A/66/865-S/2012/522). (2012年ジュネーブ合意)
Ford, Robert, 2017, Keeping Out of Syria, *Foreign Affairs,* vol. 96 (6), November/December 2017.
Habets, Ingrid, 2016, Obstacles to a Syrian peace: the interference of interests, *European View,* vol. 15 (1), 77-85.
Lund, Aron, 2016, *The Road to Geneva: the Who, When, and How of Syria's Peace Talks,* Carnegie Middle East Center.
New York Times, 2018, *UN Syria Envoy, Staffan de Mistura, Announces Resignation,* 17 October 2018.
Reuter, 2019, *U. N., Syria close to agreeing Constitutional committee: envoy,* 10 July 2019.
Roman, Lisa, and Alexander Bick, 2017, It is Time for a New Syria Peace Process, *Foreign Policy,* 15 September 2017.
UN Geneva, *Intra-Syrian talks-Key dates of the peace process,* https://www.unog.ch/unog/website/news_media.nsf/(httpPages)/E409A03F0D7CF

after record low turnout, 30 September 2019.
Bonn Agreement, 2001, *Agreement on Provisional Arrangements in Afghanistan Pending the Re-Establishment of Permanent Government Institutions,* Letter 5 December 2001 from the Secretary-General addressed to the President of the Security Council. United Nations Security Council (S/2001/1154).
Brookings Institution, 2011, *Afghanistan Index: Tracking Variables of Reconstruction & Security in Post-9/11 Afghanistan,* Washington. D. C.: Brookings.
Christia, Fotini, and Michael Semple, 2009, Flipping the Taliban, *Foreign Affairs,* vol. 88 (4), 130-137.
CNN News, 2019, *Trump says he canceled secret Camp David meeting with Taliban leaders,* 8 September 2019.
Cohen, Stephen and others, 2011, *The Future of Pakistan,* New Delhi: Oxford University Press.
Evans, Anne, Nick Manning, Yasin Osmani, Anne Tully, and Andrew Wilder, 2004, *A Guide to Government in Afghanistan,* Washington, D. C.: The World Bank & the Afghanistan Research and Evaluation Unit.
Guardian, 2019, *US and Taliban close to deal to allow peace talks, Trump envoy says,* 1 September 2019.
Guardian, 2019, *US-Taliban talks offer glimmer of hope on path to Afghan peace,* 26 January 2019.
Higashi, Daisaku, 2008, *Challenges of Constructing Legitimacy in Peacebuilding: Case of Afghanistan,* Report to UN DPKO. Available at https://www.jica.go.jp/story/interview/pdf/afghan.pdf
Jones, Seth G., 2008, The Rise of Afghanistan's Insurgency: State Failure and Jihad, *International Security,* vol. 32 (4), 7-40.
Kuehn, Felix, and Alex Strick van Linschoten, 2011, *Separating the Taliban from al-Qaeda: The Core of Success in Afghanistan,* Center on International Cooperation, New York University.
New York Times, *How Trump's Plan to Secretly Meet With the Taliban Came Together, and Fell Apart,* 10 September 2019.
Ponzio, Richard, 2011, *Democratic Peacebuilding: Aiding Afghanistan and other Fragile States,* Oxford: Oxford University Press.
Rashid, Ahmed, 2000, *Taliban, Militant Islam, Oil and Fundamentalism in Central Asia,* New Haven: Yale University Press.
Rashid, Ahmed, 2009, *Descent into Chaos: The U. S. and the Disaster in Pakistan, Afghanistan, and Central Asia,* London: Penguin Books Ltd.
Stanekzai, Masoom, 2008, *Thwarting Afghanistan's Insurgency: A Pragmatic Approach toward Peace and Reconciliation,* Washington, D. C.,: United States Institute of Peace.

War: When Two Old Men Divide a Nation, 2 May 2014.
International Crisis Group, 2019, *Déjà Vu: Preventing Another Collapse in South Sudan,* Juba/Nairobi/Brussel: International Crisis Group, 4 November 2019.
Roach, Steven, 2016, South Sudan: a volatile dynamic of accountability and peace, *International Affairs,* vol. 92 (6).
US Energy Information Administration, 2014, *Country Analysis Brief: Sudan and South Sudan,* 3 September 2014.
栗本英世，1996，『民族紛争を生きる人びと――現代アフリカの国家とマイノリティ』世界思想社
栗本英世，2012，「新国家建設とコンフリクト――南スーダン共和国のゆくえ」，冨山一郎・田沼幸子編『コンフリクトから問う――その方法論的検討』大阪大学出版会，第三章，35～69ページ
栗本英世，2014，「深刻な南スーダン紛争――民族間で殺戮、遠のく国民和解」『エコノミスト』2014年2月11日
栗本英世，2014，「南部スーダンにおける草の根平和構築の限界と可能性」，小田博志・関 雄二編『平和の人類学』法律文化社，第二章，27～48ページ
栗本英世・越川和彦・宮島昭夫・東 大作，2017，「座談会　紛争地域での平和構築を考える――南スーダンの経験から」『外交』第44号，2017年7～8月
東 大作，2016，「南スーダンはどこへ行くのか」『外交』第39号，2016年9月
東 大作，2017，「南スーダンの深刻な国内対立――自衛隊撤収後にできること」読売新聞オンライン「深読みチャンネル」2017年5月2日
＊なお，スーダンや南スーダンを専門にしたオンライン新聞のSudan Tribuneの記事も多く参考にしている（http://www.sudantribune.com/）
〔アフガン関連〕
Agrawal, Ravi and Kathryn Salam, Is Afghanistan's Election Credible?, *Foreign Policy,* 1 October 2019.
Asia Foundation, 2010, *A Survey of Afghan People: Afghanistan in 2010,* Kabul: Asia Foundation.
BBC News 2018, *Afghanistan war: Taliban attend land mark peace talks in Russia,* 9 November 2018.
BBC News 2019, *Afghanistan's Ghani says 45,000 security personnel killed since 2014,* 25 January 2019.
BBC News, 2019, *Afghan peace deal: Trump says Taliban talks are 'dead',* 9 September 2019.
BBC News, 2019, *Afghan peace talks: Taliban co-founder meets top White House envoy,* 25 February 2019.
BBC News, 2019, *Afghanistan presidential election: Rivals declare victory*

mediation in the peaceful settlement of disputes, conflict prevention and resolution, 13 September 2012 (A/RES/66/291).
Resolution adopted by the General Assembly, 2014, *Strengthening the role of mediation in the peaceful settlement of disputes, conflict prevention and resolution,* 31 July 2014 (A/RES/68/303).
Resolution adopted by the General Assembly, 2016, *Strengthening the role of mediation in the peaceful settlement of disputes, conflict prevention and resolution,* 9 September 2016 (A/RES/70/304).
Reuter, 2015, *U. N. says Yemen conflict could become 'Iraq-Libya-Syria' scenario,* 23 March 2015.
Sharp, Jeremy, 2019, *Yemen: Civil War and Regional Intervention,* Washington D. C.: US Congressional Research Service.
Stephen John Stedman, Negotiation and Mediation in Internal Conflict, In *The International Dimensions of Internal Conflict,* edited by Brown, Michael, 341-376, Massachusetts: The MIT Press.
The Peace and National Partnership Agreement, 2014, 22 September 2014, accessed by sabanews.net, https://sabaanews.net/news369204.htm
Thiel, Tobias, 2015, *Yemen's Imposed Federal Boundaries,* Washington: Middle East Research and Information Project.
UN Department of Political and Peacebuilding Affairs, 2019, *Prevention and Mediation,* https://dppa.un.org/en/prevention-and-mediation
UN General Assembly Resolution, 2016, *Review of the United Nations Peacebuilding Architecture* (A/RES/70/262).
Uppsala Conflict Data Program, https://ucdp.uu.se/ (ウプサラ大学紛争データ)
北岡伸一, 2019,『世界地図を読み直す――協力と均衡の地政学』新潮選書
篠田英朗, 2013,『平和構築入門――その思想と方法を問いなおす』ちくま新書
東 大作, 2009,『平和構築――アフガン、東ティモールの現場から』岩波新書
東 大作, 2017,「トランプ政権、多国間主義、そして日本――グローバル・ファシリテーターとしての役割」『国連研究』第18号, 2017年7月

【第3章】
〔南スーダン関連〕
Agreement on the Resolution of the Conflict in the Republic of South Sudan, 2015. https://unmiss.unmissions.org/sites/default/files/final_proposed_compromise_agreement_for_south_sudan_conflict.pdf (2015年南スーダン和平合意)
German Institute of Global and Area Studies, 2014, *South Sudan's Newest*

Cortright, David, Conor Seyle, and Kristen Wall, 2017, *Governance for Peace,* Cambridge: Cambridge University Press.

Crocker, Chester, Fen Osler Hampson, and Pamela Aall, 1999, *Herding Cats: Multiparty Mediation in a Complex World,* Washington D. C.: United States Institute of Peace.

Dobbins, James, Seth G. Jones, Keith Crane, Andrew Rathmell, Brett Steele, Richard Teltschik, and Anga Timilsina, 2005, *The UN's Role in Nation-Building: From the Congo to Iraq,* Santa Monica, CA: RAND Cooperation.

Elayah, Moosa, 2018, National dialogues as an interruption of civil war-the case of Yemen, *Peacebuilding,* London: Routledge.

Guardian, 2018, *Yemen: Up to 85,000 young children dead from starvation,* 21 November 2018.

Guardian, 2019, *Human Cost of Yemen war laid bare as the death toll nears 100,000,* 20 June 2019.

Hartzell, Caroline and Mathew Hoddie, 2010, *Strengthening Peace in Post-Civil War States: Transforming Spoilers into Stakeholders,* Chicago: Chicago University Press.

Hampson, Fen Osler, 1996, *Nurturing Peace: Why Peace Settlements Succeed or Fail.* Washington, D. C.: United States Institute of Peace.

Higashi, Daisaku, 2015, *Challenges of Constructing Legitimacy in Peacebuilding: Afghanistan, Iraq, Sierra Leone, and East Timor,* London: Routledge.

IPI Global Observatory, 2012, *Interview with Jamal Benomar, UN SRSG for Yemen,* 26 June 2012.

National Yemen News, 2012, *Jamal Benomar to UN Security Council: scale of Yemen's humanitarian crises "unprecedented,"* 29 May 2012.

National Yemen News, 2014, *Houthis Rejects the New Constitution and the Six Regions distribution plan,* 26 December 2014.

Pei, Minxin, 2003, *Lessons from the Past: The American Record on Nation Building,* Policy Brief for Carnegie Endowment for International Peace.

Pettersson, Therése, Stina Högbladh, and Magnus Öberg, 2019, Organized violence, 1989-2018 and peace agreements, *Journal of Peace Research,* vol. 56 (4), 589-603.

RAND News Release 2005, "RAND Study Says UN Nation Building Record Compares Favorably with the U. S. in Some Respects", 18 February 2005.

Report of the Secretary-General, 2018, *Peacebuilding and sustaining peace,* 18 January 2018 (A/72/707-S/2018/43).

Resolution adopted by the General Assembly, 2011, *Strengthening the role of mediation in the peaceful settlement of disputes, conflict prevention and resolution,* 28 July 2011 (A/RES/65/283).

Resolution adopted by the General Assembly, 2012, *Strengthening the role of*

参考文献

【はしがき】
高坂正堯，1966，『国際政治——恐怖と希望』中公新書

【第１章】

Amnesty International, 2016, *We did not believe we would survive: Killing, Rape, and Looting in Juba,* London: Amnesty International.

Boswell, Alan, 2018, *South Sudan: Peace on Paper,* Brussel: International Crisis Group.

Deng, Francis Mading, 2015, *Bound by Conflict: Dilemmas of the Two-Sudans,* New York: The Center for International Humanitarian Cooperation and the Institute of International Humanitarian Affairs, Fordham University.

International Crisis Group, 2016, *South Sudan: Rearranging the Chessboard,* Brussel: International Crisis Group.

Signed Revitalized Agreement on the Resolution of the Conflict in South Sudan, 2018. https://igad.int/programs/115-south-sudan-office/1950-signed-revitalized-agreement-on-the-resolution-of-the-conflict-in-south-sudan（2018年南スーダン和平合意）

【第２章】

ABC News, 2017, *Yemen cholera cases hit 1 million in hideous milestone for worst outbreak on record,* 22 December 2017.

ACLED（Armed Conflict Location & Event Data Project）, 2019, *Yemen Snapshots: 2015–2019,* Wisconsin, Madison: ACLED.

Al-Hamdani, Sama'a, 2019, *What is needed in Yemen's Post Conflict Phase?,* Background Paper for *"The Fourth Conference on National Dialogues and non-formal dialogue processes, June 11–12, 2019."*

Aljazeera, 2019, *Saudi Arabia: The world's largest arms importer from 2014 to 2018*, 13 May 2019.

BBC News, 2019, *Senate fails to overturn Saudi arms sale veto,* 30 July 2019.

BBC News, 2019, *Yemen war: Trump vetoes bill to end US support for Saudi-led coalition,* 17 April 2019.

BBC News, 2019, *Yemen crisis: UN partially suspends food aid,* 21 June 2019.

Benomar, Jamal, 1986, Memories of Morocco, *New Internationalist,* issue 163.

Bercovitch, Jacos, and Jeffrey Rubin, 1992, *Mediation in International Relations,* London: Macmillan Press.

東 大作（ひがし・だいさく）

1969年（昭和44年），東京都に生まれる．NHKディレクターとしてNHKスペシャル『我々はなぜ戦争をしたのか　ベトナム戦争・敵との対話』（放送文化基金賞），『イラク復興　国連の苦闘』（世界国連記者協会銀賞）などを企画制作．退職後，カナダ・ブリティッシュコロンビア大学でPh.D.取得（国際関係論）．国連アフガニスタン支援ミッション和解再統合チームリーダー，東京大学准教授，国連日本政府代表部公使参事官などを経て，現在，上智大学グローバル教育センター教授．

著書『我々はなぜ戦争をしたのか』（岩波書店，2000年．平凡社ライブラリー，2010年）
『犯罪被害者の声が聞こえますか』（講談社，2001年．新潮文庫，2008年）
『平和構築』（岩波新書，2009年）
Challenges of Constructing Legitimacy in Peacebuilding, Routledge, 2015
『人間の安全保障と平和構築』（編著，日本評論社，2017年）
ほか．

内戦《ないせん》と和平《わへい》
中公新書 *2576*

2020年1月25日発行

著　者　東　大作
発行者　松田陽三

本文印刷　三晃印刷
カバー印刷　大熊整美堂
製　本　小泉製本

発行所　中央公論新社
〒100-8152
東京都千代田区大手町1-7-1
電話　販売 03-5299-1730
　　　編集 03-5299-1830
URL http://www.chuko.co.jp/

Published by CHUOKORON-SHINSHA, INC.
Printed in Japan　ISBN978-4-12-102576-0 C1231

中公新書刊行のことば

いまからちょうど五世紀まえ、グーテンベルクが近代印刷術を発明したとき、書物の大量生産は潜在的可能性を獲得し、いまからちょうど一世紀まえ、世界のおもな文明国で義務教育制度が採用されたとき、書物の大量需要の潜在性が形成された。この二つの潜在性がはげしく現実化したのが現代である。

いまや、書物によって視野を拡大し、変りゆく世界に豊かに対応しようとする強い要求を私たちは抑えることができない。この要求にこたえる義務を、今日の書物は背負っている。だが、その義務は、たんに専門的知識の通俗化をはかることによって果たされるものでもなく、通俗的好奇心にうったえて、いたずらに発行部数の巨大さを誇ることによって果たされるものでもない。現代を真摯に生きようとする読者に、真に知るに価いする知識だけを選びだして提供すること、これが中公新書の最大の目標である。

私たちは、知識として錯覚しているものによってしばしば動かされ、裏切られる。私たちは、作為によってあたえられた知識のうえに生きることがあまりに多く、ゆるぎない事実を通して思索することがあまりにすくない。中公新書が、その一貫した特色として自らに課すものは、この事実のみの持つ無条件の説得力を発揮させることである。現代にあらたな意味を投げかけるべく待機している過去の歴史的事実もまた、中公新書によって数多く発掘されるであろう。

中公新書は、現代を自らの眼で見つめようとする、逞しい知的な読者の活力となることを欲している。

一九六二年一一月

哲学・思想

中公新書 1886

宗教・倫理

RC 1886 中公新書

世界史

1353 物語 中国の歴史 寺田隆信
2392 中国の論理 岡本隆司
2303 殷―中国史最古の王朝 落合淳思
2396 周―理想化された古代王朝 佐藤信弥
2542 漢帝国―400年の興亡 渡邉義浩
2001 孟嘗君と戦国時代 宮城谷昌光
12 史記 貝塚茂樹
2099 三国志 渡邉義浩
7 宦《かん》官《がん》(改版) 三田村泰助
15 科《か》挙《きょ》 宮崎市定
1812 西《せい》太《たい》后《こう》 加藤徹
166 中国列女伝 村松暎
2030 上海 榎本泰子
1144 台湾 伊藤潔
925 物語 韓国史 金両基

1367 物語 フィリピンの歴史 鈴木静夫
1372 物語 ヴェトナムの歴史 小倉貞男
2208 物語 シンガポールの歴史 岩崎育夫
1913 物語 タイの歴史 柿崎一郎
2249 物語 ビルマの歴史 根本敬
1551 海の帝国 白石隆
2518 オスマン帝国 小笠原弘幸
1866 シーア派 桜井啓子
1858 中東イスラーム民族史 宮田律
2323 文明の誕生 小林登志子
2523 古代オリエントの神々 小林登志子
1818 シュメル―人類最古の文明 小林登志子
1977 シュメル神話の世界 岡田明子 小林登志子
1594 物語 中東の歴史 牟田口義郎
2496 物語 アラビアの歴史 蔀勇造
1931 物語 イスラエルの歴史 高橋正男
2067 物語 エルサレムの歴史 笈川博一

2205 聖書考古学 長谷川修一

中公新書

現代史

f2

中公新書

現代史

f3

番号	書名	著者
27	ワイマル共和国	林 健太郎
478	アドルフ・ヒトラー	村瀬興雄
2553	ヒトラーの時代	池内 紀
2272	ヒトラー演説	高田博行
1943	ホロコースト	芝 健介
2349	ヒトラーに抵抗した人々	對馬達雄
2448	闘う文豪とナチス・ドイツ	池内 紀
2329	ナチスの戦争 1918-1949	R・ベッセル 大山 晶訳
2313	ニュルンベルク裁判	A・ヴァインケ 板橋拓己訳
2266	アデナウアー	板橋拓己
2274	スターリン	横手慎二
530	チャーチル（増補版）	河合秀和
1415	フランス現代史	渡邊啓貴
2356	イタリア現代史	伊藤 武
2221	バチカン近現代史	松本佐保
2538	アジア近現代史	岩崎育夫
2437	中国ナショナリズム	小野寺史郎
1959	韓国現代史	木村 幹
2262	先進国・韓国の憂鬱	大西 裕
1763	アジア冷戦史	下斗米伸夫
1876	インドネシア	水本達也
2143	経済大国インドネシア	佐藤百合
1596	ベトナム戦争	松岡 完
2330	チェ・ゲバラ	伊高浩昭
1664 1665	アメリカの20世紀（上下）	有賀夏紀
1920	ケネディ―「神話」と実像	土田 宏
2140	レーガン	村田晃嗣
2383	ビル・クリントン	西川 賢
2527	大統領とハリウッド	村田晃嗣
1863	性と暴力のアメリカ	鈴木 透
2479	スポーツ国家アメリカ	鈴木 透
2540	食の実験場アメリカ	鈴木 透
2504	アメリカとヨーロッパ	渡邊啓貴
2381	ユダヤとアメリカ	立山良司
2415	トルコ現代史	今井宏平
2163	人種とスポーツ	川島浩平

中公新書

政治・法律

h1

- 125 法と社会　碧海純一
- 1865 ドキュメント 検察官　読売新聞社会部
- 819 アメリカン・ロイヤーの誕生　阿川尚之
- 2347 代議制民主主義　待鳥聡史
- 2469 議院内閣制―変貌する英国モデル　高安健将
- 1905 日本の統治構造　飯尾　潤
- 2537 日本の地方政府　曽我謙悟
- 2558 日本の地方議会　辻　陽
- 1687 日本の選挙　加藤秀治郎
- 1708 日本型ポピュリズム　大嶽秀夫
- 2283 日本政治とメディア　逢坂　巌
- 1845 首相支配―日本政治の変貌　竹中治堅
- 2428 自民党―「一強」の実像　中北浩爾
- 2233 民主党政権 失敗の検証　日本再建イニシアティブ
- 2101 国会議員の仕事　林　芳正　津村啓介
- 2370 公明党　薬師寺克行
- 1522 戦後史のなかの日本社会党　原　彬久
- 2191 大阪―大都市は国家を超えるか　砂原庸介
- 2224 政令指定都市　北村　亘
- 2418 沖縄問題―リアリズムの視点から　高良倉吉編著
- 2439 入門 公共政策学　秋吉貴雄

政治・法律

h2

中公新書

社会・生活

中公新書

地域・文化・紀行 t1

285 日本人と日本文化 司馬遼太郎 ドナルド・キーン
605 絵巻物に見る日本庶民生活誌 宮本常一
201 照葉樹林文化 上山春平編
799 沖縄の歴史と文化 外間守善
2298 四国遍路 森 正人
2151 国土と日本人 大石久和
2487 カラー版 ふしぎな県境 西村まさゆき
1810 日本の庭園 進士五十八
2511 外国人が見た日本 内田宗治
1909 ル・コルビュジエを見る 越後島研一
246 マグレブ紀行 川田順造
1009 トルコのもう一つの顔 小島剛一
2169 ブルーノ・タウト 田中辰明
2032 ハプスブルク三都物語 河野純一
2183 アイルランド紀行 栩木伸明
1670 ドイツ 町から町へ 池内 紀
1742 ひとり旅は楽し 池内 紀
2023 東京ひとり散歩 池内 紀
2118 今夜もひとり居酒屋 池内 紀
2326 旅の流儀 玉村豊男
2331 カラー版 廃線紀行―もうひとつの鉄道旅 梯 久美子
2290 酒場詩人の流儀 吉田 類
2472 酒は人の上に人を造らず 吉田 類

中公新書

地域・文化・紀行

t 2